「明日、営業に行きたくない！」と思ったら読む本

太田和雄

同文舘出版

はじめに

「営業」という仕事。学生時代にアルバイト等で経験された方は少ないでしょう。それだけに、社会に出て初めて体験する「営業」の仕事に悩みや戸惑いを感じている人は非常に多いのではないでしょうか。

もちろん、企業では研修などを通じてきちんとレクチャーしてくれます。個人個人、一所懸命練習もしているでしょう（それこそ頭の中では完璧なストーリーができているはず）。

だけど、思うようにいかない。

「お客様と仲良くなったと思っていたのに、契約はライバル企業と結ばれた」
「練習通り懸命にプレゼンしたら、先方の態度が冷たくなった」
「相手がこちらの話を聞いてくれない」
「そもそもお客様が会ってくれない」

そんな状況で会社に戻り、待っているのは、

「なんで契約がとれないんだ？」

「ちゃんと教えられた通りに話したのか？」

「何がダメだったのか、自分で考えてみろ」

という先輩・上司の叱責。

でも一体、何がダメなのかわからないんですよね。それでも毎日、営業には行かなければならない。何が正しいかもわからないまま……。

そうなると、「営業が怖い」「営業に行くのが嫌だ！」と思ってしまうのではないでしょうか。初めて社会に出て、そして初めて営業という仕事を経験された方は、特に強く感じているでしょう。


安心してください。

それは、誰もが抱く感情です。

その感情は、すごくよくわかります。私もそうだったからです。

そして、営業を20年以上経験していてもいまだに怖いと思っていますし、できるこ

となりやりたくないと思っています（笑）。

私は、もともと人見知りする性格で、子供時代は地味に工作をしたり虫取りをするのが好きなタイプでした。幼少時は小児ぜんそくで病弱だったこともあり、小学校低学年時には「いじめ」にあったこともありました。

ぜんそくについては小学校高学年から中学にかけて空手に励み、高校で水泳部に入部し、体を鍛え続けたおかげで何とか克服しましたが、人と話すことはあまり得意ではないままに、大学も工学部の土木建設工学科へ進学。

理系の技術者候補、いわゆるあまり人と接するのが得意ではない人たちと共に学び、卒論についてはコンクリートに関する研究で毎日、人と会話することなくコツコツとコンクリートを打っていました。

いずれは建築家か設計関連の職に就くんだろうなと漠然と思っていましたが、なぜか縁があって、株式会社リクルートフロムエー（現・株式会社リクルートジョブズ）に就職。求人情報誌の営業という、思いっきり人と接する仕事をすることになったのです！

なぜ、そんなところへ？　と、よく人に聞かれるのですが、実は、あまりよく考えていませんでした。実際の仕事の内容についても理解が浅く、何となく格好よく思えたのでしょう。

とはいえ、入社したからには目の前の仕事をやらなければいけません。逃げ出すのは嫌だったので、とにかく指示されたことはめいっぱい頑張ろうと思いましたが、どうしても考え方が合わず、正直、やっていて嫌でした。

詳しくは序章で述べますが、そんな私が試行錯誤を重ねて、結果として営業マンとして成果をあげ、そして営業指導者としても評価をいただくことになったのです。

そして、多くの新人営業からも「これならできます！　ありがとうございます」と感謝の言葉をいただけたことは、自分の営業ノウハウを必要としている人がたくさん存在するという実感につながりました。

「何を話していいかわからない」が「一度、こう話してみようか」
「明日、営業に行きたくない」が「これなら、訪問できるかも」

に変わる。

そんな私が新人営業たちに教えた考え方や具体的な方法を、本書を通じてお伝えできればと思っています。


「何を話せばよいかわからない」「営業が怖い」「営業に行きたくない」

それは自然な感情です。決してダメなことではありません。

そんな誰にでも起こりうる感情を、少しでも緩和できるヒントになれば、これほどうれしいことはありません。


本書で紹介している営業のケースは、求人広告営業の例が多くなっていますが、他の業界でも十分通用する内容です。

皆さんが明日、営業に行くという「心の負担」を少しでも減らすことができ、そして毎日イキイキと働くことができることを心より祈っております。


株式会社ジョブマーケティング北海道 代表取締役　太田和雄

『「明日、営業に行きたくない!」と思ったら読む本』目次

はじめに

序章

明日、営業に行きたくないあなたへ

本書の効能

1章 処方箋その① 飛び込み営業～初めてのご挨拶

2章 2回目以降の継続訪問

処方箋その②

3章 お客様の信頼獲得

処方箋その③

カバー・本文デザイン、DTP　ホリウチミホ(ニクスインク)

序章

明日、営業に行きたくないあなたへ

1 「営業が怖い」には2段階ある

「はじめに」でお話ししたように、「営業が怖い」「営業に行くのが嫌だ！」と思うのは、営業マンなら誰でも当たり前のことです。

ただ、「営業が怖い」には、段階があるのです。

第一段階 「何を話していいかわからない」「うまく話せないから営業先が怖い」といった営業という仕事を開始して間もない人に起こる感情

第二段階 「頑張って営業はしているが、成果があがらないので、段々と怖くなってきている」という営業キャリアを少し積んでいる人に起こる感情

もちろん、「営業が怖い」にはまだまだ段階があります。大きな目標を背負ったときに、順調に取引していただけるかどうかの恐怖感や、お客様対応が増えるに伴って業務量が多くなり、正しく納品できるかどうかの不安などなど……。

しかし、そうしたキャリアを積んでからの「怖い」よりも、新人時代の第一段階「営業先に出向くことが怖い」や、第二段階「営業先に出向くことはできるが、成果があがらなくて怖い」が克服できずに、営業という仕事を離れる方が本当に多いのです。

だからこそ、本書では営業の初期の難関に徹底的に焦点をあてて、解決策をご紹介していくことで、営業という仕事の魅力を感じる前に離職してしまう不幸をなくしたい。そう思っています。

本書では、

- **第一段階＝1〜2章**
- **第二段階＝3章**

で、よくある営業マンの悩みとその解決策をお伝えしています。

もちろん、その方のキャリアや資質によって多少の違いはありますので、より理解を深めていただくためにも1章から読み通していただくことをおすすめしますが、早期に成果をあげたい！　という第二段階の方については、3章からお読みいただいても十分効果はあるかと思います。

2

売れる営業に必要なたった1つのこと

「営業が怖い」には二段階ある、とお話ししましたが、実は本書で私がお伝えしたいことは、つまるところ、たった1つのアドバイスに集約されます。

まずは、私がそこにたどり着いたプロセスをここでご紹介しましょう。

私はそもそも人見知りで、人とのコミュニケーションが苦手です。そんな工学部の土木建設工学科でセメントを研究していた学生が、なぜか求人情報誌の営業という仕事についてしまったところから話は始まります。

それまで営業などやったことがありませんでしたから、当然、入社直後からいくつもの難関がありました。中でも、私を苦しめたのは次の2つです。

・最初の関門「名刺獲得キャンペーン」

文字通り、飛び込み訪問をして名刺をいっぱい集めてこい！　というのが、最初の業務でした。

名刺のないお客様は会社の封筒や店のマッチやライターでも何でもいいという、とにかく数多く訪問させてその証拠をもらってこいという、昭和の頃から脈々と受け継がれているモーレツ営業です。

おそらく、今はそこまではやっていないでしょうが、それに近い行為は、現在でも訪問先指定などで、新人の最初の仕事として行なわれているでしょう。

同期たちは訪問してもお客様との会話もそこそこに、とにかく名刺を数多く集めることを目的に回っており、そこに求人広告の決裁権があろうとなかろうと関係なし。上司・先輩からも「いかに数多く獲得できるか」というアドバイスが飛ぶのですが、私としては、その時点から違和感がついてまわりました。

理系の考え方なのでしょうか、最終目的が「人の採用で困っている企業・お店に、求人広告を通じて採用を成功させること」であれば、少なくとも求人の有無や発注権限がある人にしっかりとご挨拶して、今後のことを会話する必要があると思っていたので、「誰でもいいから名刺をもらってこい」という指示が理解できなかったのです。「そんなことをして、何の意味があるのですか？」と質問して、当時の上司にひどく怒られた記憶があります。

・第二の関門「とにかく商品案内」

次なる指令が「商品を案内してくる」という、シンプルなもの。とにかくこれを数多くやってこいというのがメイン業務でした。

当時の状況を説明しますと、情報誌を数多く出しているリクルート社の中で、アルバイトをはじめとする若者向けの求人情報誌『フロム・エー』は、どちらかといえば創刊が遅かったのです。

当時の№1は、学生援護会（現・株式会社インテリジェンス）が発行する『アルバイトニュース』が圧倒的でした。

それでも私が入社したときは、関東では『フロム・エー』が創刊して10年経っており、知名度もそこそこあったのですが、配属された関西では創刊してまだ3年目で知名度はほとんどなし（情報誌の中でも3番手くらいでしょうか）。

さらにバブルが崩壊した直後の年で、景気も最悪。運の悪いことに1988年のリクルート事件の印象が根強く残っていた中なので、行けども行けども、お客様の対応は厳しい状況がほとんどでした。


それでも、偶然に求人の予定に出会うこともあって、その商品案内指令でも少しは成果が出ていたのですが、入社半年後に突然、京都営業所への異動辞令。そこからが大変でした。

やっていることは、ついこの前までやっていた指令と同じ内容なのですが、これが見事にまったく成果につながりませんでした。

京都人ならではなのでしょうか、初回訪問で「まぁ、検討せなあきませんなぁ」と話していたので、これは次回には商談につながるかと思って、勇んで訪問すると「何しに来たん？」と言わんばかりの冷たい対応。

京都人はよそ者には徹底的に冷たい！　ひどい！（京都の方、ごめんなさい。でも当時は本当にそう感じていたんです）と、人間不信に陥っていました。

それでも、指令は「とにかく数多く訪問・接触せよ。商品を案内せよ」。

初回訪問は「ご挨拶」という大義名分があったので何とかこなせたものの、その次が苦しかった。「用事もないのに訪問できない」というジレンマです。

それでも上司・先輩は「訪問だ！」「接触だ！」と言ってきます。

そこでたどり着いたのが、**「訪問する用事をつくってしまおう」**でした。

そのあたりからでしょうか、人と接することが苦手な自分にとって、やりやすい自分なりの方法を模索して実践するようになったのです。

それが徐々にではありますが、成果が出始めました。自分にとっても営業の苦痛を和らげることができ始めたのですね。

そして、最終的にたどり着いた境地が、**「自分の望み」を「相手からの感謝」に置き換える**。一言でいえば、こうなります。

「何それ?」と思われたかもしれませんが、要は自分が得たい成果（契約）はいったん無視して、相手が喜ぶことだけを優先順位の一番に置いたのです。

するとどうなるか?

訪問しやすいんです。

今まで自分が案内すること（自社商品・サービス）は必ずしも相手にとって必要ではない。それを案内しなければいけないところに苦痛があったのですが、まずは相手が必要としていること（つまり喜んでもらえそうなこと）を探し出して、それを相手に提供する。

そうすると訪問する理由もできますし、何より相手が喜んでくれるのです。時には「ありがとう!」の言葉をいただけることも。

こうして、訪問しやすい環境を自らつくって訪問を継続していたら、徐々に変化がありました。

「お客様が会ってくれる」

「お客様が会話してくれる」

「お客様が優しい！」

そして、結果として成果が出始めたのです。

不思議ですよね。**成果を後回しにしたら、成果が出た**のです。

自分にとって心の負担を減らした行為が、結果として成果を焦らず、じっくり時間をかけてお客様との信頼関係を築くことにつながったのですね。

3 とにかく真似してみるだけでいい！

時間をかけてじっくりお客様との信頼関係を築く。

そんな概念的なことを言われても、正直、「で、何をどうすればいいの？」と思いますよね。

その気持ち、よくわかります。私も、数多く営業ノウハウ本を読んできましたが、大抵、「自分を売り込むのが何よりも一番」「お客様の一番求めていることを察知することが重要」とアドバイスされています。

でも、そこから具体的な行動レベルにまで落ちていかないのが実情でした。

本書は、営業マンの皆さんが困りがちなシーンをより具体的に取り上げ、その解決

策をこれまた具体的に紹介していることに特徴があります。
ですから、ある意味「そっくりそのまま真似してみよう！」と思っていただければOKなのです。まさに、「一度だまされたと思ってやってみて」のノリです。だまされながらしばらく時間が経過すると、今までになかった変化が表われてくるはずです。

本書に紹介していることは、私自身が実際に「営業に行くのが怖い」「成果が出なくて怖い」という感情を緩和させ、行動につなげて成果をあげることができた方法です。そして、同じような感情が芽生えている新人営業たちにアドバイスし、実践してもらうことで結果が出た方法です。

ですから、本書の利用法としては、**「そっくり真似して実行する」**ことをおすすめします。
きっと、まず営業に行くことがラクになり、少し時間が経過してから成果が出始めると思います。

ただし、成果が出るといっても、即効性は期待しないでくださいね。明日実践して即、成果につながるような魔法の言葉は、正直、営業現場ではほとんどありません。

でも、間違いなく言えるのは、

「営業に行くことがラクになる」

ということ。

そうすると、行動量の増加につながります。

人間、不思議と体が動いているときって充実感が得られるんですよね。それが自然と表情にも出てくるのです。

その好循環を1カ月ほど続けていくと、お客様の変化が感じられるでしょう。前にも述べたように、お客様が優しくなっているんです。

早ければ、この辺りから成果も出始めると思います（もちろん個人差はありますが）。まずは好循環に転換する1カ月。だまされたと思って、まずは行動してみてください。

次章より、営業の悩みや困り事に対する**「処方箋」**をご紹介していきます。具体的な考え方や話し方、実際の行動の仕方が書いてありますので、とにかくあなたは真似するだけ。

今、この本を手に取られている方は、「営業が怖い」ということに多少なりとも共感されているのでしょう。

何度も言いますが、「営業が怖い」のは、仕方がない。克服するしかないんです。でも、その克服法についてはシーンごとに違います。本書では、シーンに合わせた「処方箋」を提供していきます。

まずは、あなたにあった処方箋を1つでもいいので実践してみてください。

それが怖さの克服につながったならば、また違う処方箋も試してみる。気がつけば、あなたの心の負担もきっと軽くなっていることでしょう。

1章

飛び込み営業
～初めてのご挨拶

1 お客様の対応が「冷たい」「厳しい」と感じたら

新規取引先の飛び込み営業をしていると、「結構です！」「間に合っています！」「アポをとってください！」と、厳しい言葉のオンパレードにあいませんか？

おそらくほとんどの会社がそうでしょうし、大企業にもなると滅多に担当者に会う機会もないでしょう。


こんな対応が続くと、「ちょっとくらい相手をしてくれてもいいのに！」と、ついつい怒りモードに入ることってないですか？

でも、ちょっと待ってください。

そんなとき、考えましょう。もしあなたが逆の立場なら……。

たとえば、あなたが求人広告の営業で、ちょうど入稿締め切り間際で原稿修正や内容確認に追われているときに、突然、生命保険の営業が「この地域担当です！　ご挨拶させてください」「あなたの生命保険の状況を教えてください」と、訪問してきたらどう思います？

間違いなく「今、必要ない！」「事前にアポをとってください！」となるはずですよね。

そう、突然の訪問は本当に失礼なことなんですね。

だから、**飛び込みは断られて当たり前。怒られて当たり前**なのです。

ここはひとつ考え方を切り替えて、**「飛び込み訪問することは怒られること」**と常に思ってみましょう。

となれば、怒られたり、冷たくされても当たり前。むしろ、飛び込みにもかかわらず、相手をしてくれた方のどれだけありがたいことか……。

だからこそ、相手をしてくれた人（決裁者以外ももちろん含む）、一人ひとりに感謝の気持ちを持ちながら接してみましょう。
きっと、先方に伝わる表情もぐっとよくなっているはずです。

飛び込みで訪問して、約束もなく担当者にお会いしようとする行為は、「かなり厚かましい＝断られる」ことが前提。そう思うことが心の負担を軽くすることにつながります。

そして、そう思うからこそ、対応していただけた方には「ありがとうございます！」という気持ちが芽生え、担当者に時間をいただけるようなら、「えっ！　会っていただけるんですか。本当にありがとうございます！」という気持ちが、自然と表情に表われるというわけです。

処方箋

相手にしてくれないことを嘆くのは間違い。
「飛び込み訪問＝怒られること」と意識を変換しよう。

2 飛び込みのとき、インパクトに残りやすいワードとは？

新人向けの勉強会で比較的質問が多かったのが、「一番インパクトのあるワード」です。

もちろん、少しでもお客様に印象を残すためにも、最適な言葉を知りたい！　という気持ちもすごく理解できるのですが、一言で説明するのは簡単ではありません。

何をもってインパクトかということもありますが、正直に言うと、「確実にインパクトがあって心に残る！」という魔法の言葉はありません。

……というと、これで話が終わってしまいそうな勢いですが、まず考えることは、営業それぞれに個性があるということ。その**個性を全面的に利用する**のは一つの方法といえるでしょう。

私がかつて関わった新人のAさん（推定体重100kg）にアドバイスしたのは、その巨体を利用すること。飛び込んだお客様のところにはどんなときでも（それこそ真冬でも）、

「いやぁ、暑いですねぇ〜」

と、汗を拭きながら入るようにしたのです。

それで、ほとんどのお客様は「にやっ」と笑ってくれるようになったそうです。

自分が弱点だと思っていることが、実は自分の一番の個性だったりもします。

とにかく勇気を持っていろいろ試す。その感触でよかったものを、自分のアピール方法としてやり続けるのが一番かと思います。

ただし、あくまでも常識の範囲内で試してくださいね。動物好きをアピールしたいがために、毛だらけのスーツで「いやー、出勤前にネコと遊んでましてて」とアピールしても、不潔と印象づけられるのがほとんどです。

次に、**アクションでインパクトを残す**方法もあります。

私の同期のG君は、かつて夜のスナック・ラウンジを担当していました（当時の求人メディアは夜の商売が掲載可能だったのです）。

彼は見本誌を手にかざし、相手に表紙を見せながら「こんにちは！『フロム・エー』です」とオーバーアクションで、とことん相手を笑わせることでインパクトを勝ち取っていました。

「今時そんなやつ、いないだろう」と思うかもしれませんが、なかなか他にいないからこそインパクトにつながるのです。

私自身は、そういう意味ではそんなに特徴があったわけではありません。

1つあげるとするならば、ありふれていますが「元気」。そして何気ない会話を多く心がけるというところでしょうか。

私の初めての受注がまさにその結果でした。

私は、大阪の天満橋から谷町四丁目にかけての担当地域でデビューしました。

近鉄ビルの地下にあったそば屋さん。

「こんにちは！『フロム・エー』の太田です！」と元気に飛び込んだものの、無愛想そうなおやっさんが「用事ないわ！」と、一言。

そこで会話は終わってしまったのですが、たまたま目にした「天狗舞」や「菊姫」の日本酒ラベルを見て、「石川のいいお酒が揃っているんですねぇ」と一言話した瞬間、「お前！ 北陸の人間か！」と、おやっさん。

私が金沢で大学生活を過ごし、北陸のうまい酒によくお世話になった話から盛り上がり、最後には「菊姫」という日本酒のパンフレットをいただくまでに。

そのときはそれで終わったのですが、後日、うれしい電話がかかってきました。

しかも、同業のライバル会社から……！

というのも、おやっさんが、

「そこに金沢大学出身のえらい元気のいいやついるだろう。とにかくそいつをよこしてくれ！」

と、まったく別の会社に、「太田」という名前も出てこないまま、商談依頼をしたのです！
普通ならば何らかの理由をつくってでも、その会社が受注してしまうところですが、そこまで強い印象をしっかり伝えてもらった結果、さすがにこのライバル会社も対応ができなかったようです。

相手のことに関心を持ち、何気ない会話で信頼をもらうというのも、逆に大きなインパクトを残します。うわべだけのセールストークでは、何のインパクトも残せないというわけですね。

処方箋

うわべの言葉でインパクトは残らない。
大切なのは自分らしさと相手への関心を持つこと。

3 いつ行っても「担当者不在」だったら

「担当の方はいらっしゃいますか?」
「あいにく不在です」
「じゃあ、また改めます……」

担当者が不在。その段階で、「じゃあ、ここで話していても意味がない」と、思ってしまいがちです。

でも、ちょっと考えましょう。

前項でお話しした通り、飛び込み訪問は本当に失礼なことなのです。

その失礼な行為に対して、自分の時間を割いて対応してくれている人が、目の前にいるということを忘れてはいけません。

そして、感謝と礼を尽くすためにも、相手が担当者でなくても名刺を差し出して、自分の紹介と訪問の目的を告げましょう。


「えっ？　そんなこと？」

と思った方も多いかもしれません。

しかし、冒頭のようなケースでは、意外とあっさり帰る営業がほとんどなのです。


ここで私の経験を紹介しましょう。

とあるライバルメディアを利用している大手取引顧客。そこは運送会社でしたが、難攻不落で有名なお客様でした。

何人もの先輩が熱心に営業をかけるも、玉砕していたのです。


ところが、ある日、なぜか新人の私あてに電話がかかってきました。

営業所内では驚愕の声があがったほどです。

しかし、私自身は商談らしい商談をした記憶がなく、半信半疑でマネージャー同行のうえ、訪問しました。

年配の社長と名刺交換した後、あっさりと「求人広告の掲載を考えているから、媒体の説明をしてくれ」との声。

「ありがとうございます。しかし、今回なぜ太田あてにお電話をいただいたのでしょうか?」と、マネージャーは尋ねました。

すると、社長は、こう答えたのです。

「実は、ライバルメディアの反響もそんなによくなくてね。で、どうしようかと思っていたら、嫁さんがこの人に頼んだらと、すすめてきたんだ」

そのとき、ちょうどお茶を持ってきてくれた見覚えのあるおばさんが、

「まだ、名刺渡してなかったよね」

と名刺を差し出しました。そこには、「専務取締役」の肩書きが!

「私は現場が好きだから、いつも入り口付近で仕事してるの。何人も営業マンが来たけど、たいがい社長が留守って言ったら帰って行くのよ。

唯一、私に名刺を渡して自己紹介したのが、太田さん。この人は信頼できると思ったんだ」


実は私自身、そこまで深く考えていませんでした。ただ、対応してくれた方に感謝の気持ちを持っていたからこそ、普通に自己紹介をしただけだったのです。

それがこんな結果につながるとは、正直思ってもみませんでした。


「ありがとうございます！」

私はやや涙目になりながら、必死で媒体説明をしたのでした。


「不在です」

その一言を言う相手はさまざまです。

でも、**お客様先へ一歩踏み入れば、いろいろな人があなたを見ています。**

担当者も実はいるかもしれません。「不在です！」と話した人が担当者かもしれません。
だからこそ、会っていただける一人ひとりに誠実な対応を心がけましょう。その姿は、きっとどこかで誰かに伝わっていると思いますよ。

処方箋

商談相手が不在でも、対応してくれた人に礼を尽くそう。
自分の名刺を渡してご挨拶を忘れずに。

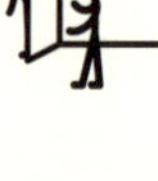

4 いつ行っても「担当者不在」だけど、どうしても取引したいとき

どうしても取引していただきたいお客様がいたとしましょう。

ところが、何度訪問しても不在。

「ひょっとして居留守使ってる?」と、つい疑ってしまうこともあるでしょう。

実際、その通りのときもありますが、本当に忙しくて、会社や店舗にほとんどいないという担当者も存在します。

「会えないなら訪問しても仕方がないので、もう訪問するのやめようかな」

そんな気持ちになるのもわかりますが、ちょっと考えてみましょう。

もしかして、担当者に固執しすぎていませんか?

どうせ会えない担当者ならば、会えないものと割り切りましょう。

代わりに、自分の相手をしてくれる人を探して、精一杯コミュニケーションをとってみてください。

私がよく使っていたケースでいうと、

「こんにちは！　『フロム・エー』の太田です。○○さんは、いつものようにいらっしゃらないですよね（笑）。では、この資料をいつものようにお渡しください。（メモ、ボールペンなどを渡しながら）あと、これ。大したものじゃないですけど、皆さんで使ってください」

こんなトークをよく使っていました。

どうしても取引したいお客様で、担当者に会えない場合は、**まずはあなたの応援団**

（ファン）を1人つくる努力をしてみてください。

「そんな簡単につくれるの？」と思われたかもしれませんが、それほど難しく考える必要はありません。

たとえば、会社に訪問した際に必ず対応してくれる受付の方。たとえば店舗のアルバイトリーダーの方。またはパートの顔役的なおばちゃん。何度か訪問を繰り返した際、対応してくれる頻度の最も高い方がまず対象です。

この方々は営業の突然の訪問を毎日対応している方々だと思って間違いないでしょう。そして、大抵の営業は担当者に会うことを優先するあまり、この方たちには失礼な態度をとっていることも少なくありません。

そんな中で、担当者ではなく対応してくれた方に気持ちを向けて接すること。これが、ファンづくりの第一歩なのです。

具体的には、

①応援団になりそうな人の名前を覚える

「〇〇さん、いつも対応ありがとうございます」

②その人を気遣う

「前回お伺いしたときは風邪でお休みのようでしたが、今は大丈夫ですか？」

まずは①だけでも十分効果はあります。②まで気がまわるようなら、上出来でしょう。

受付の事務。店舗のバイトスタッフ。いろいろな人がいるかと思いますが、あなたが担当でもない自分を気遣ってくれる姿勢、頑張っている様子はきっと見ていてくれています。

そんな日頃の努力が、機会を得たときに、

「店長、△△さんに頼んでみたらどうですか？」

「課長、△△さんがすごく感じいいですよ」

という言葉につながります。


すぐには成果が出ないかもしれませんが、前項の私の例のように、応援団の後押しで大きな商談のきっかけができることは多々あります。

どうせ担当者には会えないと、あきらめてはいけません。

あまり深く考えすぎずに、まずは応援団を笑顔にするべく、元気に訪問することから始めてみてください。

処方箋

常に不在の担当者に固執しない。

対応してくれる人の顔なじみになれるよう工夫を心がけよう。

5 「ここは商談は無理だな」と思ったら

飛び込み営業の場合、優先順位としてはライバル企業を利用しているお客様や、過去に取引のあるお客様情報を最優先に営業をかけると思います。

求人や販促といった広告営業の場合であれば、まずライバルメディアに掲載しているところに飛び込み営業するでしょう。他にも、過去に広告掲載実績がある顧客情報など、訪問リストも数多く存在します。

そんな中で、片っぱしからの飛び込み訪問（ローラー）は効率が悪いし、そうそう商談につながらないから、やる必要はない！　そう判断している方も少なくないことでしょう。

でも、ちょっと考えてみてください。

商談や契約の可能性は、行ってみないとわかりません。

怪しげな事務所が、実は立ち上げたばかりの有望なベンチャー企業だったり、古そうな食品工場の2階が大手フードサービスの本社だったりもします。

それこそ、自分が案内したい商品を最も必要としている企業かもしれません。

実際、問い合わせをもらった企業に出向くと、「えっ？　こんなところ？」と思った経験は多々あるかと思います。

だからこそ、自分の担当地域の企業なら、一度は訪問して、商談の可能性や決裁の有無を確認すべきなのです。

結果的に決裁がなかったり、今後も商談の可能性が低いと思っても、それは「今後、訪問しなくても大丈夫」ということが判明したので、一つの成果といえます。

もちろん、ローラーばかりではなかなか成果も出ないでしょう。

でも、少なくとも訪問予定のお客様先から次のお客様先への移動の合間には、多数の企業・お店があるはずです。そこに飛び込むことは、そんなに効率が悪いことではありませんよね。

大事なのは、**「商談の可能性はないだろう」**ではなく、**「ひょっとしたらすごい会社が眠っているかもしれない」**と考えることです。

なかなかうまくいかなかった1日。もう帰ろうか、と思ったその瞬間、

「あと1軒、最後に行っとこう！」

それが大きな商談につながると信じて、先入観なしに飛び込んでみてください。

処方箋

「ここは商談にはならない」と決めつけて、アクションを起こさないのはもったいない！

6 「結構です！」と断られたら

飛び込み訪問の重要性はわかったものの、現実問題として一切、商談の予定がない場合もあります。

「自分のサービスを利用する気がないところに案内するのって、何を話したらいいか、わからない……」

「『結構です！』にはどう答えたらいいの？」

そう考える方も多いかと思います。

普通だったら「あっ、そうですか。また何かありましたらお願いします」と言って早々に引き返す方が大半でしょうか。

それはそれで正しいのですが、でも、それではせっかくの訪問がもったいない。**今、その会社・お店にサービス利用の予定がなくても、そこに出入りしている業者さんやお知り合いに予定があるかもしれません。**

ですから、もう一言添えることをおすすめします。

tips

「うちみたいなところは、まったく求人しないから」

「全然かまわないですよ。もし突然、採用の話が出てきたり、お知り合いで困っている方がいらっしゃれば、私に一声かけていただければと思います。なので、この資料、念のため置いておいてください。今後ともよろしくお願いいたします」

私はこんなトークをよく使って、まったくの取引のないお客様から紹介をいただいたりしました。

つまり、その営業先に必要性がなかったとしても、そのお知り合いに、ひょっとしたら自分が必要な人がいるかもしれない。そのときはぜひお役に立たせてください。そんなスタンスを伝えることが重要なのです。

そう考えれば、**税理士や会計士の事務所などの取引先には優良な企業が豊富に揃っていますし、不動産会社や内装会社・おしぼりなどの備品納入会社は新規開店や新規企業の情報の宝庫だったりします。**

そんな訪問先から間接的にでも情報をいただいたり、お客様を紹介していただければ、非常に幅広い活動につながります。

「私どもも仕事がら、多くの取引企業様から不動産の相談を受けたりしますので、もしよろしかったらご紹介いたします。今後ともよろしくお願いいたします」

と、こちらからも情報を提供する姿勢も重要なポイントです。

実際、私もお客様にお客様を紹介することがありました。

オフィス系のお客様に宴会や飲み会のお店を紹介したのですが、皆さん、とても喜んでくださいます（3章で改めて詳しくご紹介します）。

あなたに２００人の知人がいるとします。その知人１人あたりに２００人の知人がそれぞれいるとするならば、あなたは２００×２００＝４万人のネットワークを持っていることになるのです。

そのネットワークを生かすのも殺すのも、結局はあなた次第。

飛び込む先１軒１軒がネットワークの宝庫です。

まずは、あなたという存在を知ってもらうために、お役に立てることは最大限アピールしていきましょう。

処方箋

目の前のお客様には必要がなかったとしても、
その取引先まで見据えると、大きな商談機会になる。
そのことを踏まえてコミュニケーションをとろう。

7 訪問した後のちょっとしたひと工夫

1章を通じて、お客様が忙しい中、自分に時間を割いてご挨拶していただけることは本当にありがたいことということお話をしました。

でも、その後ってどうすればいいのでしょう?

私が新人だった頃は、名刺交換していただいたお礼を後日、必ず電話するようにと指導を受けていました。しかし、電話という行為はさらに相手の時間を奪うことになるので、違和感を抱いていました。

でも、感謝の気持ちだけは伝えたい。

そこで、相手の手があいたときに目を通すことができる「ハガキ」でお礼を伝える

ことにしたのです。

名刺交換していただいたご担当者には、当日もしくは翌日に官製ハガキで感謝のお礼をつづって送ります。

内容は、

・突然の訪問にもかかわらず、お時間をいただいた感謝とお礼
・地域のお客様に貢献できるよう精一杯頑張る意向

を伝えて、「今後ともよろしくお願いします」と締めくくります。

図1 弊社で使用しているお礼状

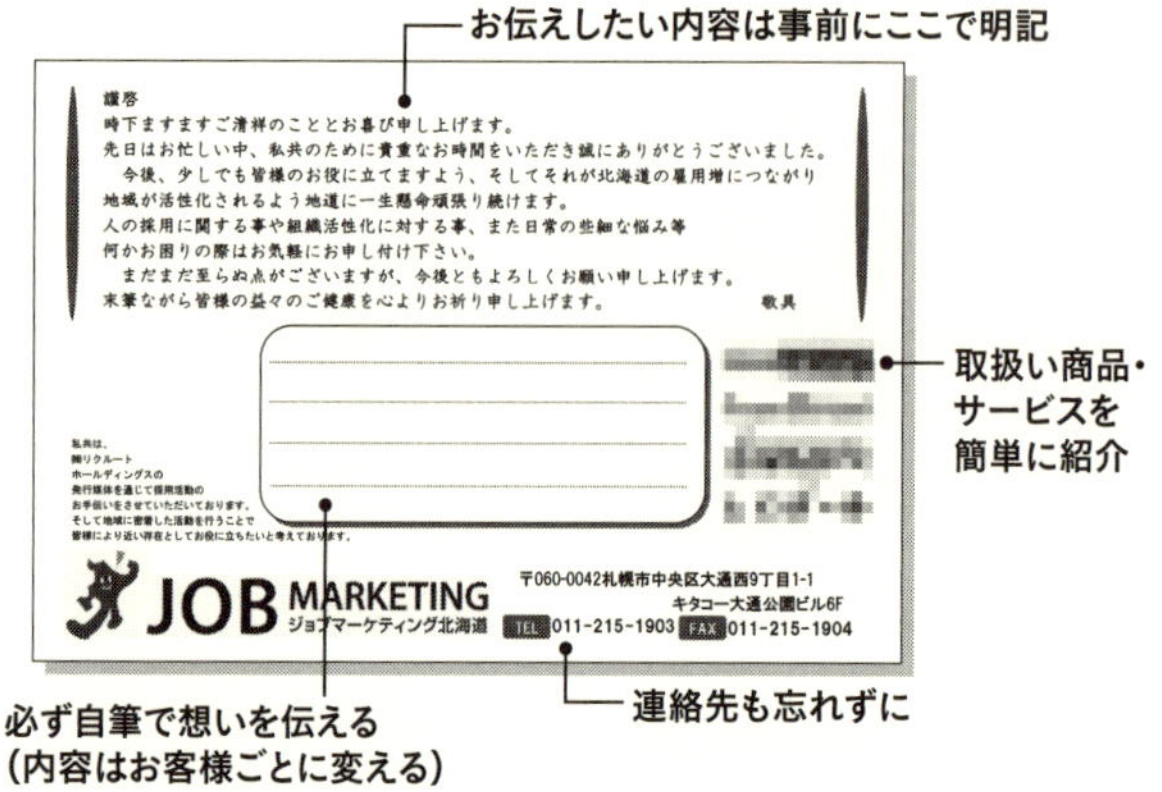

このお礼状を継続することによって、初回訪問では非常にそっけない対応であった担当者も、２回目訪問では「わざわざハガキありがとう」と言葉をかけていただくことが多く、具体的な商談をいただくケースも確実に増加しました。
今でもこの習慣は継続しており、私が代表を務める会社でも、所属営業は全員、お礼状を送付する習慣になっています。

処方箋

お忙しい中でいただいたご挨拶の時間。
感謝の気持ちを伝えるひと工夫をぜひ心がけよう。

2章

2回目以降の継続訪問

1　2回目の訪問がスムーズにできる魔法とは？

「地域担当のご挨拶です！」と、初回訪問は難なく飛び込めても、2回目になると躊躇してしまうことってありませんか？

何を理由に訪問したらいいの？　というのが本音でしょう。

もちろん、初回訪問したところ全部が全部、継続訪問する必要はありません。

初回訪問した結果、

- **ここには決裁がない（商談そのものをする権限がない）**
- **いまだかつて（あなたが提供している）商品を利用したことがなく、今後もする予定はない**

この2ついては、まず継続訪問をする必要はありません。これで訪問先候補はかなり削られるはずです。

逆に必ず訪問しなければならないところとして、

・同業他社の商品を利用しており（もしくはしたことがあり）、決裁権限もある
・かつて自社で取引があった顧客

この2つは必ず訪問するべきお客様でしょう。

さらに、「業界特有の対象顧客」が訪問顧客に加わってくるはずです。

たとえば不動産業界では、土地や物件などの遊休資産を数多くお持ちの資産家の方が対象になるでしょうし、求人業界では、大規模に採用するチェーン店本部や人材派遣などの人材関連会社がそれにあたります。また、時期に応じたニーズに合わせて狙いどころが変わってきます。

2回目訪問をスムーズにするための魔法。

それはつまり、**訪問先を絞る**ということです。

魔法というほど立派なモノではないかもしれませんが、ただ「継続訪問する顧客かどうかを見極める」ということは本当に大切なことなのです。

これに関しては自分の感性ももちろん大事ですが、それこそ先輩や上司といったベテランの知見は十分に頼りにしたほうがよいでしょう。

かつて、とあるお客様のもとへ、他事業部のマネージャーに同行していただいたことがありました。私が扱っていた『フロム・エー』では、中途採用の相談は厳しかったので、『B-ing』という中途採用の専門誌の事業部にお願いしたのです。

商談を終え、会社への帰り道、ふとそのマネージャーが「太田君、ここ定期的に顔出しといたほうがいいよ」と指さしたのが、小さなアパレルショップ。

正直、「?」といった気持ちでしたが、とにかくアドバイスには忠実に従って、初回訪問のご挨拶のあと、とにかく定期的に資料だけは届けるようにしました。

しばらくたって、そのマネージャーとのやりとりも忘れかけた頃、そのアパレルショップから商談の依頼がありました。

実はそのショップ、関東に多く展開しているマリンウェア・グッズのショップで、その2階がなんと本社事務所だったのです。結果、関東数店舗のアルバイト合同募集という大きな仕事につながりました。
アドバイスをしてくれたマネージャーは、この会社のポテンシャルやアルバイト求人の可能性を十分に理解していらっしゃったのですね。

継続訪問をするにあたって、それがすべて有効で「いつかきっと商談につながる」と考えられれば、訪問する大きな理由にもなるでしょう。
逆に、どれだけ訪問しても、その会社や店舗から取引いただく可能性がゼロに近ければ、本当に訪問する時間も労力も無駄になってしまいます。2回目訪問に踏み切る前に、まずはその見極め作業をじっくりと行なってみてはいかがでしょうか。

処方箋

初回訪問後、すべての顧客に継続訪問する必要はナシ。継続訪問する必要のある顧客を選定していこう。

2 「何回も訪問する必要があるのか？」と感じたら

そもそも、継続して訪問する目的って何でしょうか?

まだ取引のないお客様に限っていえば、最終的な目的としては、「新たに自分と取引をいただいて、自分たちの商品・サービスで笑顔になる人たちを増やす」ことでしょう。

では、新たに取引をいただくためには?

「○○について、△△さんに相談しよう！」

そんな状態に持っていくこと、すなわち、お客様に信頼していただき、「○○に関することは△△さん」という認知をしてもらうことが必要です。

そして、そのために**最も近道なのが、「継続訪問」することな**のです。

継続訪問することで、

「いつも気にかけてもらっている」

「うちのために頑張ってもらっている」

と感じてもらえれば、信頼も芽生えやすくなってきます。

ただし、「じゃあ、とにかく毎週通って、商品パンフレットを毎回持っていこうっと。これで信頼獲得！」と考えるのは、要注意です。

毎回同じパンフレットを持ってこられて、毎回「どうですか」では、お客様にとっては押し売り同然です。逆に売りつけられる印象を与えてしまい、信頼をなくすことになってしまいます。

大切なのは、

「いかにお客様に喜んでいただけるか？」

「いかにお客様の役に立つことができるか？」

その考え方なのです。

お客様を訪問する際には、常にこの考え方を持ちながら創意工夫していく。次項より、その具体的な方法を紹介していきましょう。

処方箋

お客様から認知（信頼）を獲得するための近道が継続訪問。
基本スタンスは「いかにお客様に喜んでいただけるか」。

3 「何の用事もないのに、訪問できない」と思ったら

tips

先にも述べたように、何を理由に2回目訪問をしたらよいか、わからない方は多いでしょう。

最も簡単な2回目訪問は、

「ちょっと、そこで商談があったので、顔だけ出しに来ました！　ご状況はいかがですか？」

という、やりとりです。

初回訪問である程度の手応えを感じ、話もしやすいお客様なら、こんなノリでも大

丈夫でしょう。また、もし本当に偶然近くに来たのならば、素通りするくらいなら訪問したほうがよいですね。

だからといって、すべてのお客様にこれでいいかというと、そうではありません。

「顔だけ出しに来ました」

このセリフ、一見熱心な営業マンのように見えるかもしれませんが、実はお客様の都合を考えない自己中心的な部分があります。お客様によっては「忙しいのに、おまえの顔なんか見たくないわ！」と、なってしまうのです。

そこで、「お客様に喜んでもらうためにここに来た」というスタンスを心がけてください。

具体的には、

tips

「ちょっとそこで商談があったので、この資料だけでもお届けしようと思って参りました。参考にしてください」

と、「資料をお届けする」という理由をつくって訪問するのです。
たとえば、次のような資料があげられるでしょう。

・自社の商品案内（商品パンフレット）

自分が案内している商品をより詳しく説明している資料です。新人営業ならば、商談の際に必ず説明するツールでしょう。

・時期・期間が限定されている案内物

期間限定のキャンペーン告知や、案内している商品のプロモーション時期などを紹介した資料です。「今週はフード業界の特集です」「今週は掲載期間の長い合併号です」など、お客様にとってもお得な情報は必ずお届けしたいですね。

これら2つは、資料の中でも営業に直結するものです。
注意点としては、お客様によっては「売りつけられる」「営業をかけられる」とマイナスの感じ方をされるケースがあるということです。

資料の内容を伝える際には、**「伝えないことでご迷惑をかけることのないよう持ってきました」**というスタンスがポイントです。特に、時期が限定されている情報は、それを伝えやすいと思います。

たとえば、求人メディアの特集案内ならば、次のような伝え方です。

「募集をお考えの際に特集をお伝えしないことで、ご迷惑をかけては申し訳ないと思いまして」

「特集をご案内しなくてお叱りを受けたことがありましたので、念のため、お持ちしました」

これはプロモーションなどでも同様です。

実際、商品の大規模なテレビＣＭが計画されていたときに、「その時期に合わせて手に取る読者も増えるだろうから、募集を出すよ」というお客様がいらっしゃる一方で、その情報を伝えていなかったお客様がＣＭを目にして、「なんで事前に言ってくれなかったのか？」とお叱りを受けたことがありました。

「お客様への配慮」というスタンスは、訪問の理由づけにもなりますし、お客様にも受け入れてもらいやすい、おすすめのコツです。

もちろん、ストレートに「特集があります！」「こんな企画あります！」と言っていいお客様もいらっしゃいます。事前の訪問で、あなたの商品・サービスを検討されていて、「いいものがあれば教えて」という状態がこれにあたります。

・商品・サービスを検討されているとはっきりしている　→　ストレートに伝える
・検討されているかどうかわからない　→　お客様に配慮しながら伝える

など、お客様の状態によって伝え方も使い分けると、より効果的です。

処方箋

オトクな情報はお客様にお伝えすることが営業の仕事。「伝えないことでご迷惑をかけたくない」というスタンスで訪問しよう。

4 訪問のネタが尽きてしまったら（初級編）

先ほどは会社が常に用意してくれている資料を持って継続訪問しました。ただ、それだけではすぐに訪問のネタが尽きてしまいます。そこで、自分でほんの少し工夫するだけで、ぐっと訪問がラクになる資料のヒントをご紹介します。

・商品の利用実績

他社が実際に商品を利用しているのはどれくらいかを示す資料です。商品を実際に納品するような営業の場合は、取引実績として一覧を示すやり方があります。

広告営業でいえば、「掲載事例」です。つまり、自社メディア原稿の事例ですね。同じ業界や近所の店舗等、切り口はいろいろありますが、求人の場合だと募集条件

（時給、待遇、勤務シフト）やお店の特徴なんかも参考になるでしょうし、販促メディアならサービス内容（メニュー、単価、クーポン等の割引情報）が一目でわかる貴重な資料になります。

一見、「なんだ」と思ってしまうかもしれませんが、事例というのは困ったときの最強のツールだと思います。特にサービス業であれば、どんな業種であれ、近隣の同業については気になるところ。

私がよく行なっていたのが、次のようなトークです。

「同業の○○さんが以前、私どもの求人誌『フロム・エー』で募集を出されたときの原稿です。参考にしてください」

お客様①「なるほど、○○さんはいい人材を集めていると思ったら、こんな風に募集してたのか。ちょっと、うちでも原稿考えてよ」

お客様②「なるほど、○○さんは時給をこれだけ出していたのか！　シフトの組み方も参考になるなぁ。太田さん、ありがとう。また何かあったら頼むわ」

「そうはいっても、事例を調べるのって大変そう……」

そう思っている方に簡単なアドバイスです。

事例は、ウェブサイトや社内資料などを見れば、すぐわかります。

広告系ならば、自社メディアを最新号から順番に見ていけば、お客様の業界がよほど特殊でない限り、すぐに発見できるでしょうし、ウェブサイトであれば検索をかければ一発です。

以前、私は毎週必ず、自社で発行しているアルバイト採用、中途採用、すべてのメディアのすべてのページに目を通していました。

そして、興味のある事例が目に留まれば、自然と「〇〇さんに持っていったら喜ばれる！」と、事例をストックしていました。訪問する理由ができるのが、何よりうれしかったのです。

さらに、新店オープンの募集にいたっては同業のみならず、オープン付近の他業種のお店にも事例を持って行きました。

tips

「×月に○○がオープンするみたいですよ！　時給が○○円でこの辺の相場も変わるかもしれませんね」
「採用の方法も、もっと工夫が必要かもしれませんね」

など、お客様とかなり近い距離でコミュニケーションがとれたように思います。トピックス性のある事例はそれこそ何度も何度も使いまわして、さも、自分が受注したかのように語っていました。

このように、簡単に、すぐにでもできる訪問ツールが「掲載事例」「取引実績」です。ぜひ、一度お試しください。

処方箋

他社が自社商品を利用している実績はそれだけでも有力な資料になる！

5 訪問のネタが尽きてしまったら（中級編）

前項では、他社との取引実績という観点で掲載事例をご紹介しました。次は、そこからさらに発展させたような資料です。

・商品利用後の効能・実績

他社が自社の商品を導入することで、どんな結果（影響）が起こったか。それをまとめた資料になります。具体的な数字を紹介できるとより効果的ですね。

たとえば、オフィス機器でコピー機を扱う営業だとしたら、次のようなトークになります。

「導入した他社さんの印刷コストが○％削減されました」
「新たな機能が加わったことで、営業の内勤業務時間の○％削減に成功しました」

また、メディア関連ならば「効果事例」になります。文字通り、効果のあった原稿の事例です。たとえば求人メディアならば、「どういう出稿の仕方でどんな人が採用できたか」を参考にしてもらうために使用します。

ここで注意しなければいけないのは、**会社が特定できるような情報（社名・電話番号・住所・ロゴなど）は消すなり黒く塗りつぶすなりして見えなくする**ことです。

このように、効果事例は「こんな利用方法でこのような効能が生まれました」といった使用方法が一般的ですが、さらに次のように情報を深めて、資料のグレードを上げていきましょう。

①サービス利用の背景

このサービスを利用することになった背景（解決したい事業課題）

②解決の方法

サービス利用を通じてどのように解決しようとしたか

③利用後の結果詳細

来客数や単価、担当者のプロフィールなど

④利用後の変化

売上の変化や、サービス導入後の状況の変化

これらを伝えることで、同じ事業課題に直面しているお客様に、解決策の参考資料として使用していただくのです。

以下に、具体例をご紹介しましょう。

求人広告の例

①サービス利用の背景

不動産会社で即戦力の営業が採用できず、顧客対応がおろそかになっている。来客（モデルルームなど）はあるものの人手不足で、きちんとした対応ができずに成約しない。

フルタイムで女性を採用しようと思っても、求人難で採用できない状況が続く。

②解決の方法

今まで1人の営業がすべて担当していたものを業務分解。

来客等の初期対応については、不動産知識がそれほど必要ないと判断し、女性のお客様担当係（契約社員）を新たに設置。また、子育て世代でも働きやすいように短日数、短時間（早上がり）の勤務設定とした。

③利用後の結果詳細（採用者のプロフィール）

44歳、かつてフード業界で接客経験をしていた感じのいい主婦。

48歳、営業経験のある主婦。子供が中学生になったので社会復帰を希望。

④利用後の変化

圧倒的にコミュニケーション力が高く、来店されるお客様からの評価も高まり、口コミで来客数そのものがアップする。

また、従来の男性営業マンでは考えつかなかった、さりげないおもてなしの心遣いや、小さなお子様への対応も自然に発生し、結果、成約率も徐々に上がってきた。

求人広告の例

①サービス利用の背景

客単価6000円～1万円の和食居酒屋。宴会利用の法人客に対して宴会営業（宴会のお礼と新しい宴会プランのご案内）が店長業務の1つであったが、人手不足で店長は店舗運営で手一杯。宴会営業業務がおろそかになり、宴会実績が前年割れとなる。

②解決の方法

負荷のかかっていた宴会営業を店長業務から取り除き、新たに宴会案内スタッフの職種をアルバイトで設ける。その勤務ターゲットをシニア層に想定し、無理なく働ける勤務設定を行なう（シニア層を対象にした理由は格式のあるお店の代表として出向くにはピッタリの世代。そして何より採用がしやすい）。

③利用後の結果詳細（採用者のプロフィール）

63歳男性、会社を経営されていて引退された方。何か社会とつながりを求めて。

58歳女性、元生命保険の営業経験のある主婦。清掃以外の仕事を探されていた。

④利用後の変化

宴会営業が確実に実行され宴会予約も高まる。かつての人脈を駆使して新しいお客様の宴会予約までもが入るようになる。

販促メディアの例

①サービス利用の背景

シニア層が主な顧客層のとあるボーリング場。平日の午後3～6時が閑散としている。ボーリング場利用客の高齢化。活動が午前～昼に集中。夜は常連客が主に利用。年々減少に転じている売上を何とかしたい。

②解決の方法

平日午後3～6時限定でクーポン＋ペットボトルのキャップ10個持参で小学生（4年生以上）1ゲーム無料。小学生同士での利用もOKとする。簡単なルール説明をする教室も開催。

③利用後の結果詳細

ボーリング場周辺の学区内で爆発的ブームに。平日夕方は小学生の予約で溢れる。貸靴代1人100円は徴収。また、ジュースや菓子販売で、多少ではあるが売上アップ。

④利用後の変化

ボーリングの楽しさを覚えた小学生たちが家族を巻き込み、休日には家族客が大幅増。全体的な売上アップにつながった。

こんな事例を同業企業に語ることで、あなたそのものの評価がグンと上がるはずです。事例を理由に、なかなか会えない同業企業に対して、片っぱしから商談の約束をとりつけるなんてことも可能です。

もちろん、その事例について、さも自分が手掛けた仕事かのように語れるくらい、知識として身につけなければなりません（自分の仕事ならば最高です！）。

そんな事例を1つでも身につけることができれば、提案の幅も広がり、商談につながり、受注につながる。そして、その結果を再度、効果事例として使う。まさに黄金の勝ちパターンのできあがりです！

もっと深くお客様と関わりたい。そんな気持ちになったなら、まずは1つだけ、**課題解決の成功事例を知識として身につけ**ることから始めてみませんか？

処方箋

自社商品を通じて成功した事例は貴重な情報！

6 訪問のネタが尽きてしまったら（上級編）

前項では、実際の取引実績を資料として使用するやり方を説明しましたが、さらに有効な資料をご紹介します。

それは、「お客様にとって有益な情報」と「自分たちの商品に関連する情報」と接点のある資料です。

・お客様にとって有益な情報 × 自分たちの商品に関連する情報

私の例でいうと、自分の担当地域に近い大学を中心とした「オリジナル学事日程」をつくっていました。つまり、近隣各大学の試験や休みの日程を調べて、資料にまとめていたのです。

最近は、学校のホームページなどで公開していることもあって、情報も収集しやすくなってきました。資料のポイントは、どのタイミングで試験に入り、試験終了（休み開始）の目安がいつかわかるようにつくることです。

この資料の利用の仕方としては、一般的には試験前に、資料をお客様と眺めながら、

「試験の時期は学生が採用しづらいので、終了してから募集を出しましょう！」

と話します。

私は大体、試験の始まる1カ月前くらいからお客様にお届けしていました。

図2 実際にお配りしていたオリジナル学事日程

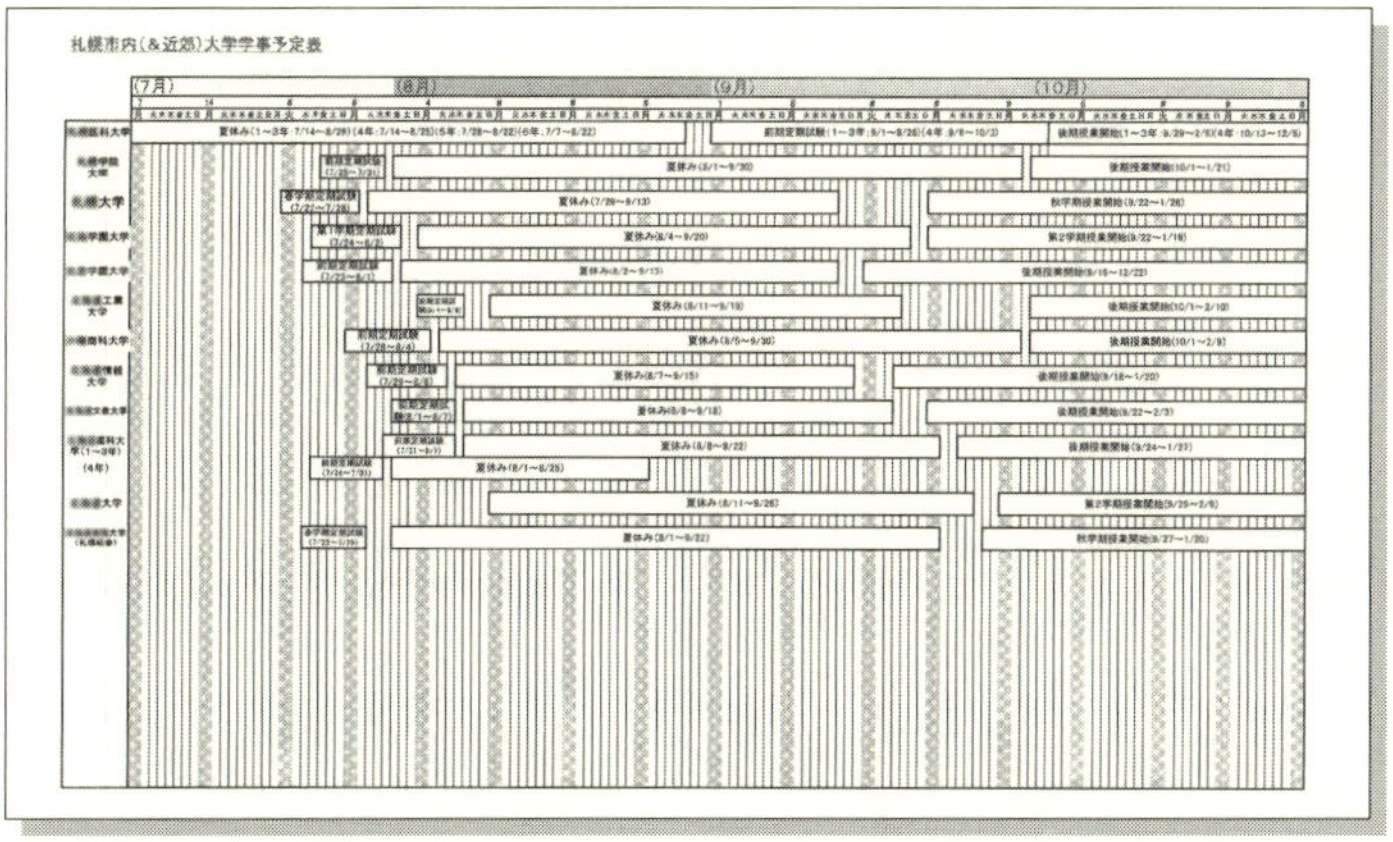

たとえば、12月の初旬。私立大学は早ければ1月の中旬から試験が始まりますが、お客様の状況を確認するためのツールとして、次のように学事日程をフル活用したのです。

「これが大学の後期試験の日程です。ちなみに店長さんのところは、学生さんのバイトって何人かいましたっけ？」

お客様「うん、〇〇大学のやつが何人かいるなぁ」

「〇〇大学は、予定では1月17日から試験が始まります。念のため、その学生スタッフにその時期のシフトを確認されたほうがいいと思いますよ。
最近の傾向では、前日になって『試験なので辞めます』と連絡してきたり、当日突然休まれたりすることが結構あるようです。そうなったら、お店も大変なことになってしまいますので」

お客様「そうだな、確認しとくよ。ありがとう！」

こんなやりとりで、感謝されることが多かったように思います。無愛想だったお客様も、ここから対応が変わったりもしました。

また、その後、訪問や電話で話をすると、

お客様「確認したら、太田さんの言う通り、辞めるつもりだったらしい！　急きょ募集しなくちゃいけないから、打ち合わせにちょっと来て」
「わかりました、ありがとうございます！」

と、商談につながるケースも多々ありました。

求人業界のケースでご紹介しましたが、「お客様にとって有益な情報」と「自分たちの商品に関連する情報」との接点は、**「相場観」**ともいえるでしょう。

販促メディアの業界ならば、サービスメニューの単価、セットプランの傾向。求人メディアの業界ならば、給与、待遇の傾向が、お客様にとって参考になり、自社で算出することが可能な資料となります。

少し手間がかかるかもしれませんが、一度作成してしまえば、多数のお客様に提供できますし、手元にあれば商談時にも非常に有効です。

私が実際に作成した資料を、いくつかご紹介しましょう。

・平均賃金資料

自分のテリトリーに関しては徹底的に把握したいと思って、自社メディアだけではなく、他のライバルメディアに掲載されている情報も収集して「平均賃金資料」をつくったことがありました。

その資料は喫茶店に特化していましたが、一度つくってみると、どこにでも参考資料として持って行くことができましたし、自分の知識としても吸収が早かったように思います。

図3 実際にお配りしていた平均賃金資料

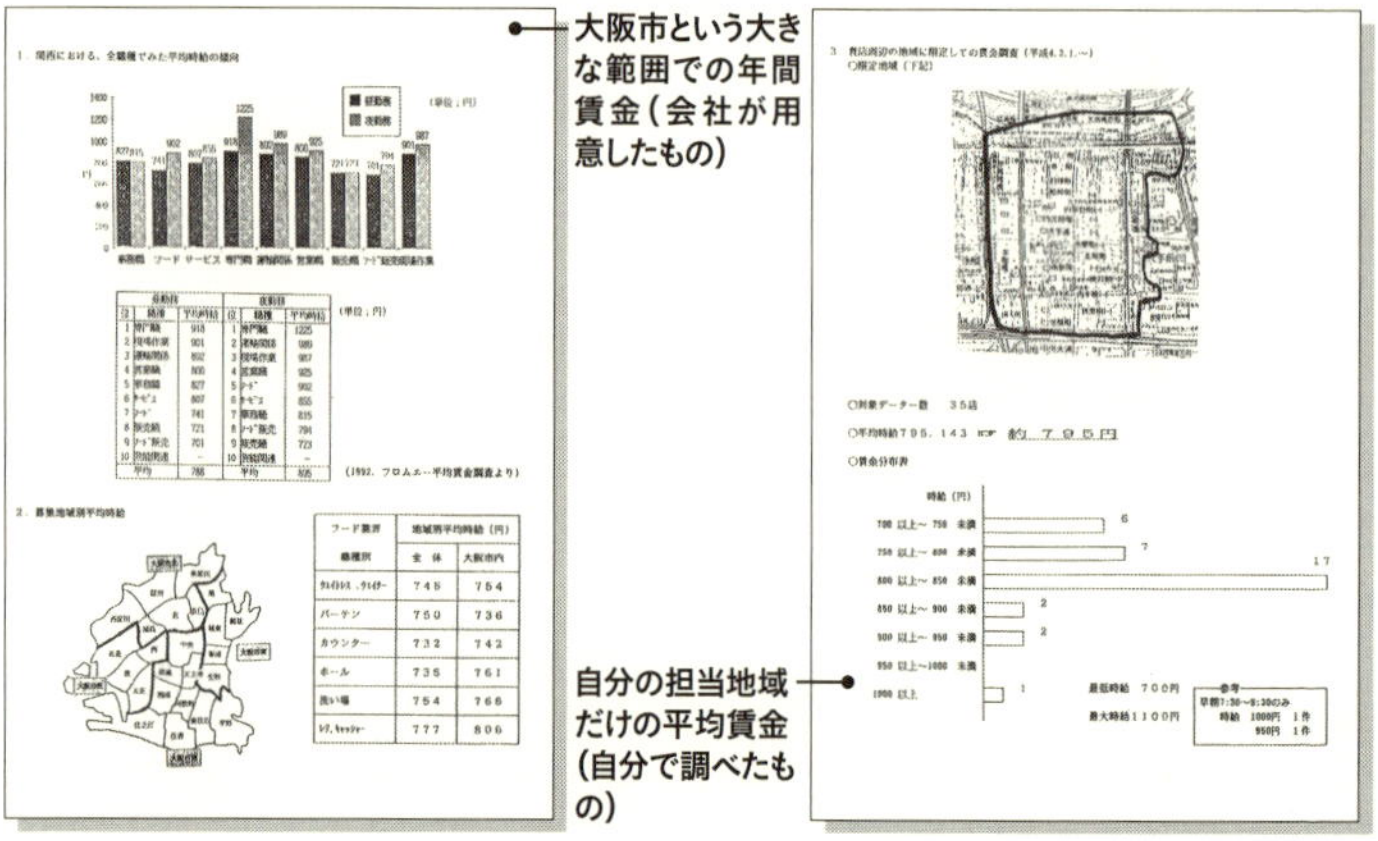

難易度は高いかもしれませんが、実際に同業界でこの地域に初出店されるお客様にとっては待遇を検討される際に非常に参考になりますし、自社の採用力を他社と比較できる材料としても有効です。こちらの提案にも説得力が増し、成約にもつながりやすい手法といえます。

処方箋

「相場観」は最上級の資料。
お客様にとって必要な情報とは何かを考えよう。

7 継続訪問でお客様との距離を縮めたかったら

ここでは、お客様との距離がぐっと近づき、より継続訪問がしやすい工夫をご紹介します。

まずは、**自己紹介ツール**です。これは最も工夫のしがいのあるツールといえます。

以下に、作成のポイントを説明しましょう。

①**自己紹介**

名前の他、趣味、血液型、好きな言葉、出身等、自分が公表してもいいことなら何でもOK。

②取扱い商品・サービス

もちろん何を扱っているかを示さないと、お客様も相談のしようがありません。ただしクドクドと書きすぎると商品パンフレットになってしまうので、比較的簡潔にわかりやすく書くことが重要です。

③連絡先

意外と漏れてしまいがちなのが、連絡先。これを忘れてしまったらお客様が連絡のしようがありません。必ず明記しましょう。

④その他

自己紹介ツールなので一度、お客様に渡せばそれで終わりと思う方がほとんどでしょうが、実は**何度でも持って行っていい**のです。

もちろん内容は変える必要はあります。そこで変化をつける部分が、この「その他」の部分なのです。

図4 自己紹介ツールの実例

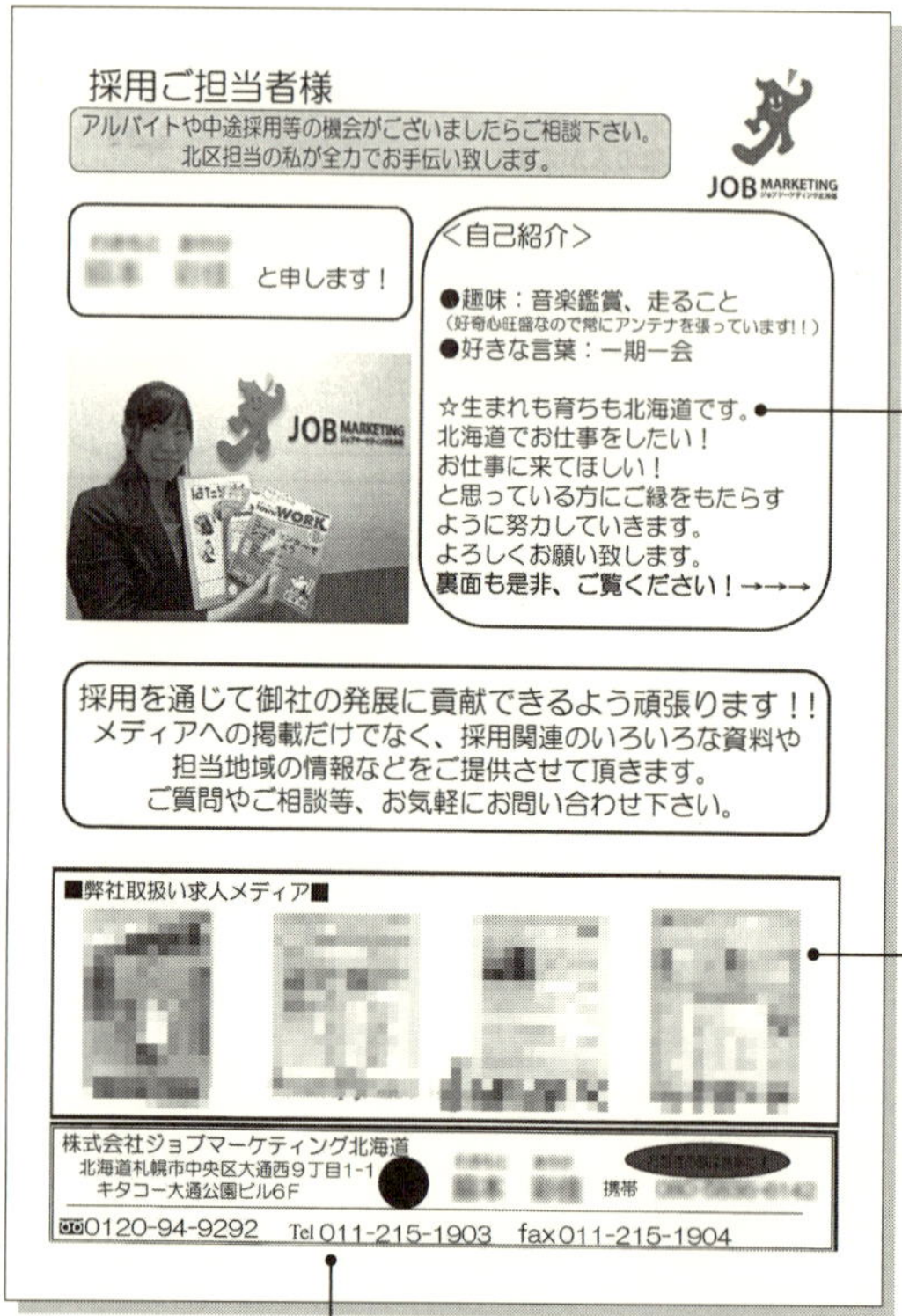

採用ご担当者様
アルバイトや中途採用等の機会がございましたらご相談下さい。
北区担当の私が全力でお手伝い致します。
JOB MARKETING
と申します！
<自己紹介>
●趣味：音楽鑑賞、走ること
（好奇心旺盛なので常にアンテナを張っています!!）
●好きな言葉：一期一会
☆生まれも育ちも北海道です。
北海道でお仕事をしたい！
お仕事に来てほしい！
と思っている方にご縁をもたらす
ように努力していきます。
よろしくお願い致します。
裏面も是非、ご覧ください！→→→
採用を通じて御社の発展に貢献できるよう頑張ります!!
メディアへの掲載だけでなく、採用関連のいろいろな資料や
担当地域の情報などをご提供させて頂きます。
ご質問やご相談等、お気軽にお問い合わせ下さい。
■弊社取扱い求人メディア■
株式会社ジョブマーケティング北海道
北海道札幌市中央区大通西9丁目1-1
キタコー大通公園ビル6F
携帯
0120-94-9292 Tel 011-215-1903 fax 011-215-1904

自己紹介
基本的には何を書いてもOK。自分という存在を知ってもらうには、プライベート部分を紹介することが効果的

取り扱い商品・サービス
何を扱っているかをわかりやすく。商品の詳細は商品パンフを添えてお渡しすれば、ここに細かく明記しなくてもOK

連絡先
あらゆるツールも必ず連絡先が明記されていないと台無し。すぐにでもお客様が相談できるように明記をお忘れなく

私もかつては毎月、自己紹介ツールをお客様のもとへ持参していました。「その他」の1つとして、「営業、太田の徒然日記」と称して近況報告のようなものを書いていました。今でいうブログのようなものですね。

また、もう1つの他スペースには、クロスワードコーナーを設けていました。そして、回答をFAXで送ってもらい、正解ならば粗品を進呈！　お客様から回答のFAXが帰ってくると、それだけでお客様との接触機会が1回増えますし、それ以降の訪問もぐっとしやすくなりました。

他にも、私が指導したメンバーの中に小説家を志望していて、とにかく文章を書くのが好きな人がいました。私は、内気だった彼の個性をお客様に知っていただくために、自己紹介ツールに、自作の小説を連載するよう、アドバイスしました。

発表の場を持つことができた彼はイキイキとお客様のもとへ出向くようになりました。さらに、小説の続きが気になるお客様から、お問い合わせまでいただくようになったのです。

クロスワードクイズ&プレゼント

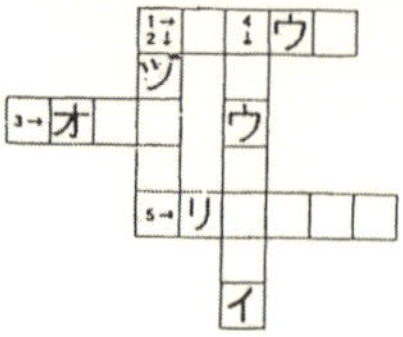

左のマス目を、次の問題にそって全部埋めてください。そして解答を下記まで御社名・御氏名を記入の上FAX下さい。正解の方に、もれなく特製フロム・エーグッズを差し上げます。

〔問題〕近畿の駅名クイズです。

●タテのマス
2、大阪の超高級住宅街
4、地下鉄谷町線、都島駅の次

●ヨコのマス
1、動物園のある大阪の南玄関
3、ギャレが駅の中にある
5、六甲アイランドの海の公園

※FAX送付先・・・・㈱リクルートフロムエー [redacted]
御社担当　太田和雄
FAX・・[redacted]

＊解答用紙＊

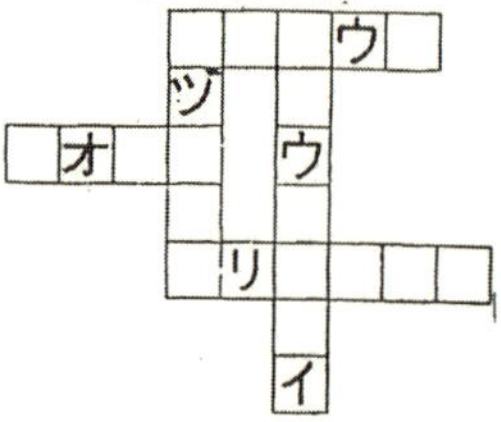

御社名	
ご住所	
TEL番号	
御担当者名	

◎フロム・エー発行スケジュールと特集内容

	発売日	締切日	特集A	特集B	特集C
32	8/25 (火)	8/20 (木)	販売大好き！SPECIAL	好きな曜日に週2～3日のバイト	出たぞ！梅田大特集
33	9/1 (火)	8/27 (木)	思ひ出パッチリ ホテル・旅行のシゴト	秋だ！バイトだ！新学期	待ってました！阪神間沿線
34	9/8 (火)	9/3 (木)	できたてピカピカ オープン前オープンしたてのお店	秋だ！バイトだ！新学期	はばたけ！堺・泉州

フロム・エー情報

毎月2、3回発行予定

●発行人　太田　和雄
●編集人　太田　和雄
●イラスト　制作部
武藤由美子

お問い合わせ・お申し込みは

[redacted]営業所
[redacted]
☎[redacted]
御社担当　太田和雄
[redacted]

図5 私が毎月お配りしていた自己紹介ツール

Q．社員の解雇について

わが社の規程では「業務に非協力的で協調性を欠く場合は解雇する」となっております。そこで、たびたび就業時間中に喫茶店に行って怠けている者を解雇しようと思うのですが、法律上何か問題になるのでしょうか？簡単に解雇できないと聞いたのですが

QUESTION & ANSWER

A．

まず、労働基準法は、原則として解雇してはいけない場合を2つあげています。①労働者が業務上負傷し、または疾病にかかり療養のために休業する期間とその後30日間　②労働基準法上の産休を与えなくてはならない期間（出産予定日前6週間以内で休業請求があった日から出産後8週間）とその後30日間、がそれです。

それでは、この2つ以外なら解雇してもいいかというとそうではありません。判例を見ると、①相当な解雇理由がある（2週間以上無断欠勤して出勤するように督促しても応じない、著しい成績不良、事業所内で犯罪行為を行ったなど）②問題の行為と解雇との間にバランスがとれている（仕事中に数回喫茶店に行った程度では正当な解雇理由とは認められない）③業務継続が困難な場合、業態を縮小する場合、などが解雇の条件としてあげられています。また、たとえ社員に責任がある場合でも、あらためるように注意しなかったり、本人の弁明を聞かなかったりすると認められないケースがあります。もちろん、組合活動をしたことを理由に解雇できないことは言うまでもないでしょう。

＊営業、太田の徒然日記＊

カレンダーでは もう夏が過ぎてしまいました。

しかし、あまりそれを感じさせないのは、おさまることをしらない連日の盛暑のせいでしょう。また、今年は台風がくるのが少しはやかったようで、ついこの間まで、暴風&雨が吹きあれていました。毎日、重装備で営業を続ける私にとって雨は大敵の一つなのです。これから台風シーズンが本格化してきますが、その対策をなんとかたてたいですね。

（こうすれば良いという案がありましたら、太田まで）

さて、今週は京阪沿線特集のご案内の週です。先程述べましたように、この特集は非常に人気が高く、前回の京阪沿線特集は京阪沿線地域の販売拠点における実販売率がなんと92.4%という大記録をうちだしました。80%を超えると完売の世界ですので、この数字は驚くべきものであり、私どもも、自信をもっておすすめできる号であります。お問い合せは大歓迎です。

私、太田まで申しつけて下さい。

[redacted]

もう1つ、違うケースもご紹介しましょう。成績がなかなかあがらず、かなり行き詰まっていた新人営業がいました。彼との面談で、休みの日に何をしているかを聞くと、家で引きこもってネットサーフィンばかりしているとのこと。

ネットで調べているのは、海外のスポーツの情報（NBAやNFLといったアメリカのスポーツが中心でした）でしたので、それをお客様に発信するよう、彼にすすめました。せっかく休日を使って調べた内容なのだから、一度、トピックスとしてまとめてもらい、そのまま自己紹介ツールとして持参するように指導したのです。

「えっ、そんなニッチな話題でいいんですか？」と半信半疑でしたが、うまくトークができず、今までお客様に伝わらなかった彼の個性を理解してもらえるようになり、NBAが好きなお客様から新規取引の電話をいただくようにもなったのです。

そういう意味では、自己紹介ツールは「自分が楽しい！」と思えるような遊び心満載でつくるのがコツかもしれませんね。

自己紹介ツール以外にも、私が実際に使用していたツールをご紹介しましょう。

・交通便利表

お客様の最寄り駅から各駅までの所要時間、1カ月の定期代、終電の時間を一覧にしました。バイトを採用するときに交通費の目安や通勤の時間をはかったり、また終電に間に合うようにバイトさんの業務コントロールをしやすくするための配慮から作成した資料です。

・シフト表

お店を始めたばかりのお客様がいらっしゃったので、かつて外食産業で働いていた上司からアドバイスをもらって作成。毎月のシフト設定をしながら不足を感じたならば、ぜひご相談ください！　という営業にもつながる資料です。

・おすすめ宴会情報

オフィス系のお客様によく持参したのが、宴会情報です。掲載されている情報は私の取引先、もしくは取引したいと思っていた新たなお客様。ある意味、その情報を確認してもらうという理由で新しいお客様に堂々と訪問できたので、二重で喜ばれた資料です。

今やスマホで情報検索が当たり前の時代なので、そっくりそのまま同じことが通用はしないと思いますが、モノの考え方は同じです。「**お客様にとって喜ばれる**」、そんな情報をまとめてお渡しする。それが1つのツールとなるのです。

情報が非常に氾濫している中、すっきりと整理してあげるだけでも喜ばれる時代なのかもしれませんね。

処方箋

お客様に喜んでもらえる資料で、
継続訪問がぐっとラクになる。
楽しんで取り組んでみよう！

8 訪問したいけど、何も用意できていなかったら

これまで、訪問の理由になりやすい資料のご紹介をしてきましたが、「訪問したいけど、ちょうどいい資料がないから訪問できない……」と変に構えてしまって、訪問することを放棄してしまっては本末転倒です。ここでは、気持ちを軽くして継続訪問できるやり方を紹介しましょう。

・**「販促プレミアム品、持ってきました！」**

販促プレミアム品といっても、いつも会社でお客様に配っているようなメモやボールペンで十分です。ベタなようですが、そのためだけに訪問したようにお客様に感じてもらえると、意外と、対応も普段と違ったりします。

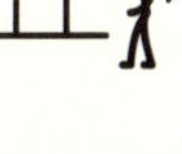

いつもはそっけない対応の受付の方も、「皆さんで使ってください」と渡せば、その瞬間、笑顔になったりもしますよ。

・「ランチ食べに来ました！」「コーヒー飲みに来ました！」

営業対象先が飲食店であれば、どこにでも通用します。どちらにしろ担当地域内で昼食をとるはず。であれば、仲良くなりたいお客様のお店を利用すればいいのです。

実は、私もたびたびこの手法を利用していました。

ある喫茶店では、いつもの訪問のように、

「こんにちは！『フロム・エー』の太田です。今日は暑いですね〜。少し休憩しようと思ってコーヒーを飲みに来ました。今、飲ませてもらっても、いいですか？」

というノリでトークをしたところ、

「あんたが休み明け1番に来たから、募集出してあげるよ！」

と、言われたことがありました。

日頃、「営業をかけられる」といったマイナスの気持ちを持っていても、いざ自分の店のお客様になった瞬間に対応が変化したりするものです。

・自分がお客様になって、お客様を利用する

飲食店以外でも、自分が「お客様のお客様になる」きっかけはないかと考えていれば、意外と見つかります。それが訪問の理由にもつながります。

自分（もしくは知り合い）が引越しをするとなれば、引越し屋さんに値段の相場を相談したり、母の日向けのカーネーションをまだ取引のない花屋さんに頼んだり……。

ちなみに、私の究極経験は歯科医。求人募集の貼り紙があった歯科医院に飛び込み営業しても、まったく相手にしてもらえなかったのですが、記憶の残る翌日に改めて診療に出向き、その歯科医に治療してもらいました（ちょうど歯が痛かったのです）。

昼休みに予約をとって何度か通院し、最後の治療も終わってもう来ることはないだろうなと思っていた帰り際に、院長先生から「受付に残っていてくれ」と声をかけられ、そのまま求人募集の商談へとつながりました。

業種に関係なく、自分がお客様になって利用できるのはないのか？　そう考えることがお客様との距離を縮める一歩かもしれません。

・長期休暇前後の挨拶、季節の挨拶

長期休暇の前後に挨拶に行くのも、立派な理由の1つです。休み中にお客様から連絡をいただいて、ご迷惑をおかけすることのないようにするのです。

すべてのお客様を訪問するのは現実的に難しいでしょうから、むしろ関係性の薄いお客様を訪問すべきです。

特に、年末の「今年もありがとうございました」と年始の「本年もよろしくお願いいたします」のご挨拶は、どんなに関係性の悪いお客様でも、訪問して怒られることはほぼありません。なので、なかなか訪問しづらかったお客様（以前、仕事で成果が出なかったお客様など）には、最優先で訪問すべきでしょう。

ちょうど年賀状が年始に届くので、営業とは関係のないアプローチが集中して行なえる年末年始は、関係性改善のゴールデン週間かもしれませんね。

・お笑い営業

何度か通って顔は認識してもらっているし、モノや資料を持って行っているけど、なかなか前に進まない。そんなときは、「お客様に笑ってもらおう！」と思いながら訪問するのもアリでしょう（私の場合、関西圏が担当地域でしたので、お笑いの土壌があったということもありますが）。

tips

「こんにちは！」

お客様「おっ！　なんや今日は」

「いやぁ、散髪したんで見せに来たんですわ〜」

tips

「こんにちは！」

お客様「おっ！　なんや今日は」

「いやぁ、ネクタイ買ったんで見せに来たんですわ〜」


というノリで訪問して、「お前、おもろいなぁ〜」と一気に距離が近づいた経験がありました（もちろん、通用するかどうかはお客様のタイプに注意が必要です）。

こんな方法が通用するのか？　と思われた人もいるでしょう。

1つだけ真実があるとするならば、

「躊躇して無訪問 ＜ 意味があるかどうかわからないけど、とにかく訪問」

です。

訪問しないのは、野球でいうとバットを振らないのと同じで、いつまでも絶対にボールには当たりません。

躊躇して訪問時期を逃すくらいならば、どんな理由でもかまわないので訪問してしまいましょう！　いつか一発逆転ホームランが生まれることにつながるはずです。

処方箋

躊躇して訪問できないくらいなら、まずは何でもいいから訪問してみよう！

9 何度訪問しても会えないお客様には

何度訪問しても、いつも不在。毎回資料を置いてくるが、どうも見てもらっている気がしない……。そんなときってありますよね。

「なんで見てくれないんだろう?」

「少しくらい見てくれてもいいのに!」

と思ってしまいがちですが、ここで改めて認識しておきたいのが、**「お客様は忙しい!」**ということ。

会って時間をいただくのも困難なお客様は、時に居留守を使っている場合もありますが、本当にお忙しいと思ったほうが正しいでしょう。

そんなお客様にとっては、資料に目を通す時間さえない場合もあります。関心のない商品パンフレットなどは、単なるゴミ扱いでしょうね。

「そうは言っても、資料くらい読めるだろう」

と思ったあなた、逆の立場になって考えてみてください。

商談のアポや受注の手配に追われ、いっぱいいっぱいのときに配布された社内の資料、メール。すべてをきちんと読んでいますか？　すべての内容を覚えていますか？　おそらく、そうではないですよね（本来はそうすべきかもしれませんが……）。

逆の立場になってみると、その気持ちはよくわかるでしょう。その気持ちを、営業につなげればいいのです。

私の場合、お疲れ気味のお客様には、栄養ドリンク剤を近くのお店で購入して持って行っていました。

tips

「こんにちは！　『フロム・エー』の太田です。○○さんは相変わらずお忙しいですよね。もしよかったら、これ、先ほどお客様先の薬局さんでいただいたので、お渡しいただけますでしょうか。これを飲んで、ぜひ残りのお仕事頑張ってくださいとお伝えください」

ただこれだけで帰るのです。

でも、このコミュニケーションがお客様の印象に残り、「この間はありがとう！」の言葉を、ほとんどのお客様からいただきました。

他にもこんなことがありました。

ライバルメディアにでかでかと掲載されていた、とある量販店の新規オープンのための採用募集広告。本社は神奈川県のお店でした。

当時、私は京都が担当地域でしたので、訪問はできないものの、何とか電話をして担当者と接触。資料を神奈川の本社へ送ることになりました。

ここまでは多分、誰もが普通にやることでしょう。

私はここからさらに、そのメディアに掲載されていた説明・面接会の開催前に、その会場へ直接訪問し、ペットボトルの飲料水を何本か届けました。

「『フロム・エー』の太田です。先日はお電話で失礼をいたしました。本日、説明会ですよね。適度に水分補給しないと、お話しするほうがまいってしまいますので、これを皆さんにどうぞ。面接頑張ってください。いい人が採用できるといいですね！」

後日、説明・面接会の反響を電話で伺った際に、「この間はありがとう！」の言葉と共に、次の募集についての相談をいただいたのは言うまでもありません。

お客様は忙しい。そんなお客様の気持ちになって考え、些細なことでもいいから、「まずは喜んでもらおう！」、一度、そんな行動を試してみてはいかがでしょうか？

処方箋

忙しいお客様が喜ぶことは何か？
想像してみよう

10 どうしても営業に行く気分にならないときは

朝から気分が落ち込んでいるときってありませんか？

些細なミスでお客様に迷惑をかけた。朝イチで上司・先輩から理不尽に怒られた。昨晩、プライベートでつらいことがあった……。きっかけはいろいろあるでしょうが、どうにも営業に足が向かないときがあります。

きれいごとを言えば、あるべきことではないのでしょうが、実際には気分が乗らないときもあるのが人間です。その克服の方法として、レベル別にいくつか対策をご紹介しましょう。

レベル① どうも訪問のリズムが悪い。次の訪問に抵抗を感じている

➡お客様に元気をいただく

数多く訪問する中で、気の合うお客様、妙にテンションが高くて、なぜか話をしているとこちらも元気になるお客様、なぜかそこにいるだけで落ち着くお客様……。そんなお客様のもとへ訪問しましょう。

私にも、そんなお客様が何人かいましたので、

「おっ、さぼりに来たのか？」

「そうなんです。今日は気分が乗らないので……。お茶1杯飲ませてください」

というやりとりをしながら、気分を変えるようにしていました。

お客様との会話の後は、不思議と次に訪問しよう！　という元気が湧いてくることが多かったのです。また、そういうお客様との雑談が、まわりまわって仕事につながることもありました。

あなたにも、そんなお客様が1人はいらっしゃるはずです。

「ちょっと調子が悪い」。そう感じたならば、一度試してみてください。

レベル② ①の対策でも回復しない。「明らかに元気がない」「様子が変」とお客様から指摘を受ける

⬇思い切って休憩する

休憩の仕方は人それぞれだと思いますが、次の飛び込む勇気を備えるためにも、前向きな休憩の仕方をおすすめします。

私は、ビジネス書を読んでいました。中身は営業ストーリーだったり、経営者の成功物語だったり、とにかく読んでいてワクワクするような内容のもので、気持ちを奮い立たせていたように思います。

また、休んでいる間も自己の成長につながっているという、ものすごく勝手でポジティブな解釈が、前向きな姿勢を保っていました。

逆に絶対に避けたほうがいいのが、「ネガティブな休憩」です。傍から見て「サボリ」と思われるような休憩の仕方は絶対にやめるべきです。

恥ずかしい話、私も先輩との同行で何度か経験がありますし、数多くの新人を見てきた中で、何度もそのような場面に遭遇してきました。

ただ一つ言えることは、ネガティブな休憩は後ろめたい気持ちがある反面、段々慣れてきてしまうということ。

そして、それが癖になると、転がるように悪いスパイラルに巻き込まれていきます。同じ休憩をとるならば、ポジティブな休憩をとれるように、強い意志で頑張ってください。

レベル③ 明らかに体調も悪く、お客様との会話で迷惑をかけてしまう

⬇1日、休む（有給をとる）

思考力が低下していたり、体調そのものがすぐれない。このまま無理に営業していけば、明らかにお客様に迷惑をかけてしまう、と感じたならば、体や心がＳＯＳを出している証拠。このような場合は、しっかり体と心を休めてください。

体調が悪いのならば、まずは病院に出向いて、最適な治療とアドバイスをもらいましょう。

心の調子が悪いのならば、もちろん専門医に相談するのが最優先ですが、そこまではないと自分で判断できる場合は、その日は自分が最もリフレッシュする方法で過

ごすのがベスト！　気分が悪く、お客様に迷惑をかけるくらいなら、勇気を持って休むのが一番です（もちろん、その際は上司に確認してくださいね）。

気分転換の仕方は、人それぞれ。ぜひ、自分に合った前向きな方法を見つけてください。

処方箋

お客様に迷惑をかけるくらいならば休む。
その際はぜひポジティブな休み方を心掛けよう。

3章

お客様の信頼獲得

1

莫大な訪問&電話件数。行動量はあるのに、売上があがらない……

すごく頑張っている。案内・接触量は誰にも負けない！

でも商談につながらない。成果があがらない……。

本章は、そんな悩みを持つ人向けに、お客様の信頼を得る方法をお伝えします。


接触は誰よりも多いのに商談につながらない……心当たりのある人はいませんか？

確実に担当者に会えているにもかかわらず、そんな状態になっているのは、

「担当者から信頼をもらっていない」

ただそれだけです。

では、どうすれば信頼を得ることができるのでしょうか？

さまざまな原因が考えられますが、代表的なことから順番に紹介して、その解決策をお教えしたいと思います。

原因① 自商品の案内ばかり話していませんか？

人は営業マンに対して本能的に警戒します。その営業が見知らぬ人なら、なおのこと警戒します。

ただでさえ「売り込まれる」と思ってしまうのに、忠実に売り込みを続けたところで、ますます拒否されるにすぎません。

あなたのもとに、たまたま先輩から紹介された保険の営業マンが、毎週のように、それこそこちらの都合も一切おかまいなしに、「いい保険があるけど、どう？」と訪問してきたとしましょう。

あなたはその保険に入りますか？

あなたは、その営業マンにどのような感情を持ちますか？

原因② 自分の成果のことばかり考えていませんか？

先輩や上司から目標数字のことで毎日責められる。その気持ちはわかります。少しでもチャンスがあれば、受注して成果をあげたいですもんね。

ただし、そう考えるあまり、お客様がどういう状態になれば満足されるのか、完全に置き忘れているケースが多いのです。そうなると、お客様から見れば、まったく解決策にもならない提案を営業がワーワーと騒いでいるようにしか感じ取れません。

お客様は、自分たちよりも経験が豊富です。自分のことしか考えていないスタンスでは、間違いなく見破られるでしょう。

そんな営業マンへのアドバイスは、

「商品案内禁止！」

です。

前述したように、見知らぬ人の営業行為には警戒がつきまといます。ならば、少なくとも「顔見知り」の関係まで進展しなければ、警戒が薄れることはないでしょう。

私は、お客様と顔見知りになるために、早朝出勤して、とにかく「笑い」につながる話や訪問ツールを工夫するようにしていました。

そして、次の信頼を得るため、つまり「この人なら相談してもいいかも」と思ってもらうために、各種資料や販促品等を持って行って、「ありがとう」の言葉をもらうように努めました。あえて、商品案内を一切せずに。

どうにもこうにも行き詰まっているときには、まずは売り込みせずに、「お客様の笑顔」「ありがとうの言葉」をもらうことだけを目的にしてください。そして、それをだまされたと思って1カ月、実践してみてください。

きっと、見違えるほど、あなたの応援団が増えているはずですよ。

処方箋

行き詰まりを感じているなら、商品案内禁止！お客様の「ありがとう」だけをいただくように訪問してみる。

2 お客様に満足してもらえなかった……

「お客様に満足してもらえなかった。もうこれで終わりだ……」

これは、営業における王道の悩みです。

営業という仕事はお客様からの受注（契約）を目指し、商品・サービスを納品して満足していただくところまでが仕事といえます。

ところが、納品したとしても満足をしていただけないケースはあります。特に販促メディアや求人メディアといった、数字などで結果が明らかに出てしまう商品の営業にとっては避けては通れない道でしょう。

原因③ お客様にちゃんと伝えていますか？

まずは、理想の形を追い求めてみましょう。

STEP① 事前に難易度について話しておく

お客様は商品にある程度の期待を込めています。その期待に応えるには、状況としてどうなのか（簡単なのか？　難しいのか？）は、事前にお伝えするべきでしょう。

そこで大切になってくるのが2章6項でもお伝えした「相場観」。

自分の担当地域で同様の案件であるならば、どれくらいの反響があるかを常に把握しておきます。もし、あなたが経験のない新人営業ならば、先輩に聞いたりして事前に調べます。

お客様の期待する成果が難しいならば、それを克服するためにどうすればいいかも提案しましょう。広告メディア系であれば、情報量、掲載期間、使用メディア、条件、原稿表現など、さまざまな別の提案があるはずです。

もし、最初の提案がダメになったとしても、結果が悪かった際にプランを再提案することができます（「だから言ったじゃないですか～」というノリに近いですね）。

「お客様が求めている成果を出すの、厳しそうだなぁ」

そう感じたときは、素直にそれをお客様に伝えることが大切だと考えてください。

根拠なく、契約がほしいためだけの「大丈夫です」はトラブルのもとです。絶対にやめましょう。

STEP②　なぜダメだったのか、そして成果を出すためにはどうすればいいかを提案する

STEP①ができなかった場合。おそらく、これが一番やっかいだと思います。

お客様は成果が期待できると思っているわけで、そんな中で「まったく反響がない！　どうしてくれるんだ！」と、なるパターンです。

営業にとって一番悩ましいのはこのシーンでしょう。逃げ出したくなったり、それこそ怖くなってお客様のもとへ訪問できなくなる気持ちはわかります。

でも、お客様の状況は変化していません。

それは「課題解決のためにサービスを利用した」→「成果が出なければ課題は残ったまま」という状況です。

そんな状況を放置することは、営業としての責任を放棄しているのと同じです。

大切なのは「成果を出すためにはどうすればいいか」、その方法をお客様に教えてあげることなのです。


「そうは言っても、その方法がわからないのに」

そんな声が聞こえてきそうですね。

そこで、このアドバイスです。

「頼りになる人は身近なところにいますよ！」

何事も自分1人で解決しようとするからしんどいのです。

悪い結果を出してしまったならば、その原稿を手に持って周囲の人にアドバイスをもらいましょう。

業績やコンテストで表彰の常連の先輩、上司、営業アシスタントさん、他部署の人など、いろんな人があなたにきっと協力してくれます。

そのアドバイスを持って、お客様のところへ行ってください。

とはいえ、再度提案すると、「また売りつけるのか！」と怒られるのでは……。そんな不安を感じる人も多いでしょう。確かに、伝え方を間違えば、そうお客様に捉えられてしまうかもしれません。

そこで私は、いつもこういう言い方をしていました。

「もし他のメディアを利用されるにしても、同じ方法ならば、再度失敗する可能性が高いと思います。同じ失敗を繰り返さないためにも、この方法をご提案します。

このアイデアは他のメディアで使っていただいても、もちろんかまいません。大切なのは、御社にとってよりよい成果につなげることだと思っています。今後ともよろしくお願いいたします」

そして、「もし我々のメディアを使用するならば……」と前置きをしたうえで提案すると、最終的には提案を受けてもらえる確率が高かったように思います。

以上、ＳＴＥＰ①、ＳＴＥＰ②と理想的な形を書きました。

もちろん、理想的な形で営業が進めばよいのですが、ただ理想を追求するあまり、時間がかかったり、お客様と疎遠になったりしてしまっては、まったく意味がありません。

悪い結果を出してしまったら、

「とにかくお客様のもとへ訪問せよ！」

これが大原則です。結局のところ、これに勝るものはありません。

何も思いつかなくても、まずは訪問。

くじけずに訪問。

思い切って訪問。

きっと、お客様から自然と、次の提案機会をいただけると思います。

処方箋

お客様に満足していただけなかったら、
最優先でまずは訪問。
解決策を全力で提案しよう。

3 他者商品を利用しているお客様との会話が盛り上がらない……

初めての利用が自社商品のお客様なら普通に会話できるけれど、他社商品を既に利用しているお客様との会話は盛り上がらない。だから、商談にならない。

そんな方、多いかもしれません。その原因は以下にあります。

原因④ 他社商品の悪口ばかり話していませんか?

自社で扱う商品・サービスが一番いいと思うのは当然です。だからついつい、自社商品のいいところばかりを連発する気持ちもわかります。

特にライバル商品を利用しているお客様ならば、

「なんでそんな商品使うんですか～！　こっちのほうがいいですよ！」

と話したくなる気持ちもわかります。


でも、ちょっと考えてみてください。

お客様もお客様自身の何らかの考えがあって、商品を選択しているはずです。それはお客様の意思でもあるわけです。

それをいきなり訪問して全否定してしまうことは、お客様の意思を否定してしまうことになります。


想像してください。

あなたが「いいな」と思って購入したスーツ。

それを着て、たまたま入ったスーツショップで、

「なんでそんなスーツ着ているんですか？　こっちのスーツのほうがカッコいいですよ！」

そう声をかけられたらどんな気持ちになるでしょうか。私なら、そんな店で絶対買

い物はしません。

だからこそ、**お客様の選択は全否定せず、むしろ奨励するくらいがいい**のです。

ここでやらなければいけないことは、お客様の選択の中でなんとなく不満に思っている部分がどこかに存在するのかを、会話の中で探ることです。

先ほどのスーツショップのケースでいうと、

tips

「いらっしゃいませ。スーツがお似合いですね。お客様もかなりご満足していらっしゃるのではないでしょうか？」

お客様「そうなんだけど、真冬用のスーツだから、今日のように暖かいと、ちょっと汗かくなぁ。そろそろ春に向けて用意しないといけないと思ってて」

「それでしたら、こちらが春物のコーナーになっております。今と同じタイプのものでしたら、こちらはいかがでしょうか？」

こんなところでしょうか？

最終的には同じスーツをすすめられたとしても、過程が違うと、まったく違った感じ方になってしまうのです。

私がよく利用していたトークもご紹介しましょう。

tips

「先日、○○（他メディア）さんに掲載されていましたけど、反響はいかがでしたか？」

お客様「そうだな、まあまあかなぁ」

「そうですか！　おめでとうございます。よかったですねぇ」

お客様「ありがとう」

「○○さんも頑張ってますもんねぇ。じゃあ、今回の募集は100点満点ですね！」

お客様「いやいや、100点は言いすぎだよ。70点くらいかなぁ」

「えっ？　その30点の不足分って何なんですか？」

お客様「ちょっと応募者の年齢層が高くて。もうちょっと若いフリーター層に来てほしかったんだけどね」

「そうですか。確かに○○さんは折込チラシなので、新聞をとっていないフリーター層はちょっと弱いかもしれませんねぇ。逆に若者層ならば……」

と、こんな感じでしょうか。

あとは必要なターゲットに対して最適なメディアを提案すれば、きっといい商談に結びつくはずですよ。

処方箋

他社商品を利用しているお客様には、その商品について絶対に批判せず、不満に思っている部分を探ろう。

4 商談しても、なかなか契約には至らない……

お客様から「説明をしてくれ」と商談依頼はくるが、なぜか契約に至らない。
特に、複数の営業に声をかけているお客様からは、ほとんど選ばれたことがない。
そんな人もひょっとしたら多いかもしれません。

原因⑤ 最短納期の話ばかりしていませんか？（売り急いでいませんか？）

営業なので、目標（ノルマ、予算）があるので少しでも早く成果をあげたい。
その気持ちは、よくわかります。特に、それほど契約機会のない新人営業ならば、なおさらでしょう。

なので、ついつい今週分の数字のために、今週の案内ばかりしてしまう……。

気持ちはよくわかるのですが、ただ本当にその提案で正しいのでしょうか？

何より、お客様は納得されているでしょうか？

お客様も貴重なお金を払って購入するのですから、最も満足度が得られるような選択をしたいと考えています。

そんなときに最短納期の提案ばかりするようでは、「売り急いでる」「自分の数字ばかりを考えているな」と、思われても仕方ありません。

お客様も経験豊富です。薄っぺらい提案は、簡単に見透かされてしまいます。

そんな人へのアドバイスは、

「あえて先の納期の提案を！」


目標のプレッシャーがある中で、あえて結果を先延ばしにする。

すぐに成果を得たい営業にとっては、なかなか勇気がいることでしょうが、お客様の心理を考えると、最短納期の提案をする営業が多い中で、あえて先の提案をする営業に対しては「うちのことを大事に考えてくれているな」と、感じるものです。

たとえば、オフィス機器の販売で、シンプルな機能のコピー機が直近のキャンペーンで安く、短納期で販売できるとしましょう。

でも、お客様にとっては必要な機能がなかったり、もう少しオフィス環境を調べないと不具合が生じる恐れがあるとするならば、あえてこの機種ではなく、別の機種をもう少しゆとりを持って、先の納期に合わせて提案することが重要ですよね。

求人メディア業界の例でいうと、毎週毎週、締切りがある業界なので、ともすれば、すぐ最短締切りの掲載をすすめがちです。

たとえば、新規オープン直後の飲食店のお客様。採用担当者は違う土地から異動してきたばかり。そんな状況であれば、最短の掲載をおすすめするよりも、次のような提案ができるでしょう。

・特集企画

「次週の締切り分に『フード特集』があります。フードの特集告知が表紙に入り、フードの仕事を希望する読者も多くなる傾向にあります。もし、人の採用が1週間ずれても大丈夫なようなら、こちらの企画をぜひ、おすすめいたします」

・締切り間際

「まだ今週分の締切りに間に合わせることは可能ですが、今回の募集はもう少し取材をさせていただいて、じっくり時間をかけて原稿をつくりたいと考えています。なので、余裕のあるスケジュールで、次週締切りの『フード特集』でご検討いただけないでしょうか？」

・お客様の受け入れ

「まだオープンされて間もないようですが、実際、今週に募集を開始した場合、応募者の対応などは可能でしょうか。逆に大切にしなければならない開店時のお客様の対応に支障があったり、応募者の対応もおろそかになると、悪い口コミの評判がたったりもします。

私どもはお客様のご商売も採用も確実に成功していただきたいと考えておりますの

で、あえて次週の締切り分での掲載はいかがでしょうか？」

このようにさまざまな観点で先の納期の提案ができますし、結果的にお客様の満足度もきっと高くなることでしょう。

「最短納期の案内ばかりで契約がまったくできない結果」と「先の納期ながら顧客満足度の高い契約ができる結果」。

どちらがいいかは、言うまでもありません。

今ひとつ結果が出なくて悩んでいる人は一度、先の提案ばかりをしてみてください。きっと契約につながり、余裕のある対応がさらなるお客様の満足度の向上につながります。そして、成功のスパイラルがきっと訪れるはずですよ。

処方箋

あえて余裕を持ったスケジュールで、お客様の満足度を向上させる。

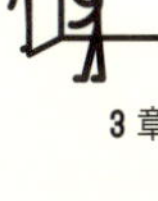

5 一定の取引はあるものの増えない……

既に定期的に取引をいただいているお客様を思い浮かべてみてください。
取引額はどうですか？　増えていますか？
多少の増減はあるかと思いますが、他社の取引が増加傾向にあるならば、危険な状態です。原因は1つではないと思いますが、考えられるのが次のこと。

原因⑥ ルーチンの営業に陥っていませんか？

つまり、定期的な取引に慣れてしまったあまり、お客様の言われるがまま、受注・契約を繰り返す。その結果「今のお客様の満足度はどうだろうか？」という部分を完

全に忘れてしまう……。

気持ちはよくわかります。だってこのほうが正直、仕事が「ラク」ですから。

この「営業がラクをしている」という姿勢は、絶対にお客様に伝わります。

初めてサービスを受け入れてもらった場合、アフターフォローは万全で挑んでいたはずです。そのことでご満足をいただいたとしたならば、次回以降も当然、アフターフォローがあるはずだとお客様は考えます。

ただ残念ながら、一度「お客様が満足された」という成功体験を積んだ営業は、「次も大丈夫」と勝手に判断しがちなのです。

そして、お客様からの取引が継続されると、「ずっと満足されているはず」と勝手に思い込んでしまいます。

その手なりの姿勢がお客様に伝わった結果、取引実績が増えないという結果につながってしまうのです。

例えば、あるメディア営業が毎回、締切り間際に電話1本入れて、

「今回、どうですか〜？　ちなみにおすすめ企画は◯◯ですよ〜」

「そうだなあ。じゃあ、いつものように出しておこうか」

「ありがとうございます。では、いつものようにお申込書送っときますね〜」

というような対応。

お客様との関係性がいい感じで受注が行なわれているように見えますが、実は危険も潜んでいます。


「先方も忙しい方なので、いちいち受注にそんな時間をとっていたら、逆に怒られてしまう」

そんな声も、確かに正しいかもしれません。

ただ、この状態の取引のまま継続していくと、いつかお客様からの怒りが爆発するのも確かです。


「以前より反響が悪い！」「なんの提案もない！」「原稿を流すだけだったら、値段をサービスしてよ」

これらの言葉は、私が実際にお客様からクレームとしていただいた言葉です。

お客様の立場になれば、確かに毎週電話1本で契約をすませています。成果が伴っているときはそれでもかまわないでしょうが、成果が伴わなくなった瞬間、「営業がラクをしている」と感じてしまいます。

その結果、熱心に通うライバル会社の営業マンや、新規の会社の営業マンに、商談そのものをかっさらわれて関係性がジ・エンドに……。

では、どうすればいいのでしょうか？

前項でお伝えした、「あえて先の納期の提案を！」を応用するのです。

「あえて長期スパンの提案を！」

毎週の確認電話はもちろん必要ですが、実際に掲載した結果の振り返りがやはり大切です。私はよくお客様と**「先月の振り返りミーティング」**と称して、時間をいただいていました。

内容は、

- **先月1カ月の広告効果状況**
- **今月の企画と必要な人員（採用目標）の確認**

これをすることで「どのスケジュールで」「どんな原稿を」「どのメディアで」というおおまかなプランニングができ、そのスケジュールを逆算して取材や原稿の用意もできました。

振り返りミーティングをすることで、お客様にとっても計画的に採用でき、こちらも万全の体制で挑めるという非常にいい関係を築けることでしょう。

処方箋

満足度を常にはかる振り返りミーティングで、長期スパンの提案につなげよう。

6 セールストークは完璧に話しているのに……

自社商品で案内しなければいけないこと、利用する際のメリット、一番のポイント……。社内で勉強会が開かれていたり、定期的にロールプレイングでの練習を行なっている人も多いのではないでしょうか。

そのトークを忠実に練習して話せるようになった、だけど成果があがらない。魅力のあるポイントばかりなのに、なぜ？

そう思う人は改めて考えてみましょう。

原因⑦ 自分の言いたいことばかり話していませんか？

先ほどお話ししたように、自社商品の魅力や特別な企画、キャンペーンなど、お客様に案内することは、いっぱいあります。

特に新人営業は、いろいろな勉強会やロープレで学んだトークを使いたい気持ちはわかります。

でも、ちょっと待ってください。

営業シーンを振り返って、あなたばかりが話していることってないですか？

お客様の話に対してちゃんと答えていますか？

前にもお話ししましたが、あなたのところに生命保険の営業が毎週やってきて、自社の保険のよさばかりをトークされたらどうでしょうか？

あなたの家族構成や年齢さえも触れずに、「ガン保険」や「生前給付保険」のメリットを延々と案内されたら、あなたはどう感じますか？

自分が保険に興味があったとしても、そんな人とは会話すらしたくないでしょう。

もし、自分がそんな傾向にあると感じた人へのアドバイスは2つ。

①聞くより「聴く」！

自分の話す比率が高い傾向にある営業マンに限って、「ちゃんとお客様からヒアリングをしているよ」と言います。

確かに耳には届いているでしょうが、その頭の中は「次のトークは○○のことを話そう」というのでいっぱいではありませんか？　そんなヒアリングは、現象として耳に聞こえているだけであって、何も反応していないのです。

お客様にも、そうした反応は伝わります。会話として発展しないのも当然のことでしょう。

そこで心がけたいのは「聴く」こと。私が以前に読んだ書籍で1つの言葉に出会いました。

「聴くという字を分解すると、耳を十四も集めて、それに心を添えること」

その他、「十四の心で耳を傾ける」など諸説あるようですが、私自身は「十四の耳で聞き逃さないようにする」姿勢が気に入って、意識するようにしていました。

この言葉をいつも胸に抱きながら一度、お客様と会話をしてみてください。お客様の話す言葉がきっと劇的に変化すると思いますよ。

②売れる八百屋さんは献立を聴く！

まずは、具体的なやりとりを見てみましょう。

売れない八百屋Aさん

「奥さん、いらっしゃい！」

お客様「こんにちは。何かいいのある？」

「ちょうど、いい椎茸が入りましたよ。どうですか？」

お客様「椎茸ねぇ。でも、うち今日はカレーだからいいわ」

「また、よろしくお願いします」

売れる八百屋Bさん

「奥さん、いらっしゃい！」

お客様「こんにちは。何かいいのある？」

「そうですねぇ、ちなみに奥さん、今日の晩御飯は何ですか？」

お客様「今日はカレーにしようかと思ってるの」

「それだったら、いいじゃがいもが入荷してますよ」

お客様「ちょうどよかった。じゃあ、それちょうだい」

「ありがとうございます！」

たった一文が入るだけでこの大きな違い。

要は、**自分の商品を案内する前に、お客様の現状（目的）を確認したうえで、最適な商品を案内しましょう**、ということです。

たとえば、求人メディアの営業においては、この献立が「採用ターゲット」になります。

「こんにちは！」

お客様「いつも元気だねぇ。それはそうと、募集を考えているんだけど、何かいい企画ある？」

「ちょうど次週の特集が『学生さん大歓迎特集』です。学校にプロモーションも大々的に行なうので、応募増が期待できますよ」

お客様「今回は社員募集を考えていたので、学生はいいや。じゃあ、また」

と、このように商品を尋ねられて、自分が今、案内している企画をすぐに話すのが売れない営業。

売れる営業は、

「ちなみにどんな人を採用しようとお考えなのですか？」

と、献立（ターゲット）を聴くことから始めます。それを聴いたうえで、最適だと思う企画を提案します。

たった一言入れるだけで、商談は劇的に変化します。つい忘れがちですが、意識してぜひ一度試してみてください。

③すごい八百屋さんは献立を創り出す！

「売れる八百屋さんは献立を聴く！」だけでももちろん劇的に変化は起こりますが、「えっ？　そんなの当たり前じゃん。もう十分できているよ！」という方もいらっしゃると思います。

そのような方におすすめなのが、この方法です。

前回同様、やりとりを具体的に見てみましょう。

tips

「奥さん、いらっしゃい！」

お客様「こんにちは。何かいいのある？」

「そうですねぇ。あっ、そういえば、こないだご主人さんを見かけましたが、何かお疲れのようでしたねぇ。何かありました？」

お客様「そうなの。ちょうど決算期で仕事がパツパツ！　残業でいつも帰りが遅くてねぇ。今日は早く帰るって言っていたけど、残業のときはコンビニ弁当かカップ麺ですませているみたい」

「それは体が心配ですねぇ。そんなときは栄養のバランスが悪くなりがちだから、今日くらい普段食べられない野菜と肉を用意したほうがいいですよ。レバニラ炒めなんてどうですか？」

お客様「それいいねぇ。そうするわ」

「実は、いいニラが入荷したばっかりなんですよ」

お客様「あ、ちょうどよかった。じゃあ、それちょうだい」

「ありがとうございます！」

このやりとりは、②の「献立を聴く」というところからさらに発展し、旦那さんの体調（＝献立に至る理由、必要性）まで踏み込んでヒアリングしています。

だからこそ、献立そのものを提案することができ、結果としてニラの受注につながりました。

もちろん、このすごい八百屋さんはお客様の家族構成や旦那さんの仕事などの情報を普段から事前にヒアリングしていたからこそできる技です。

これを求人メディア業界の例で置き換えると、「献立＝ターゲット」「ご主人の体調＝会社・店舗の課題」となるわけです。

何か課題がある中で、その解決のために人材を採用する。そこに至る流れができれば、あとは人材のタイプやスペックに合わせて媒体や広告表現を提案するだけです。

「その課題を聴くのが一番大変なんだけど……」

そんなぼやきが聞こえてきそうですが、確かにその通りでしょう。

しかし、常に「課題は何だろう？」「何か困っていることはないのだろうか？」と考えながらヒアリングするのと、何も考えずにヒアリングするのとでは、その瞬間は同じでも、いずれ大きな差となります。訪問をくり返すたびにお客様への理解度が増し、それが信頼へとつながっていくのです。

セールストークは完璧でも、それがお客様にとって必要ないものであれば、まったく意味をなしません。

逆に、お客様の課題を理解した後で、解決につながるセールストークは見違えるほど説得力を増し、お客様から絶大な信頼も得ることができます。

いきなりは難しいと思いますが、ぜひ意識の上でも「すごい八百屋さん」を目指してみてはいかがでしょうか。

処方箋

普段からお客様の困りごとを知ろうとすることが、
セールストークに活きてくる！

7 成果を出せたとき、さらに成果を増やすには

ここまで、売上があがらない営業が、お客様からの信頼を獲得できない原因をお伝えしてきました。

お客様の信頼を得ると、成果が目に見えてあがってくるのが実感できると思います。それだけでも十分だと思いますが、さらに成果をあげたいならば、**「紹介」**という手法をぜひ取り入れてみてください。心の負担もそれほどかからないはずです。

常にお客様からの紹介で、新しい取引先を開拓している人がいます。一方で、ほとんど紹介のない人もいます。この差はどこからくるのでしょうか？

もちろん、その人の能力やキャリアも関係してくるかと思いますが、それらが同等

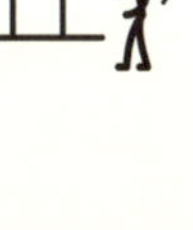

のレベルなのに紹介数に差が出るのは、間違いなく、**「紹介してください！」と話しているか、いないかの違い**でしょう。

なかなか言うきっかけが……なんていう人も多いでしょう。

でも、言うのはタダです。ほんの少し勇気を出せば、すぐに話せるようになりますし、タイミングをつかめるようになります。

話すタイミングとして一番いいのは、何といっても、**お客様が商品に対して満足度が高かったとき**です。

販促や求人といったメディア広告営業だと、反響がよかった直後でしょう。

結果を伺った際に、「非常にいい結果だった。ありがとう！」、そんな言葉をいただくことがあれば、

tips

「他にも困っているお知り合いがいらっしゃれば、ぜひご紹介ください。今回同様、成功のために精一杯頑張ります」

という一言を添えればいいだけなのです。

世話好きなお客様は本当にたくさん存在しますし、成功した直後だけに、お客様も安心して紹介してくださることでしょう。

この基本ができれば、あとはどんどん応用あるのみ。

1章でお話ししたように、まったく取引のないお客様からの「今、予定ないから」「うちは商品を購入したことがないから」という返しにも、

「もしお知り合いで困っていらっしゃる方がいれば、ぜひご紹介ください。念のため、その資料を置いていきます」

という言葉をかけることが効果的です。ぐっと飛び込みがしやすくなります。

私自身、紹介をフルに活用していました。

ある日、飛び込んだ居酒屋さん。最近オープンしたその居酒屋の店長と話がはずみ

ました。話をよくよく聞いてみると、この店長は実はそのビルのオーナーでもあり、テナントに空きができたので、自分で居酒屋を開いたそうなのです。

そこで私は、

「ビルの他のテナントさんをぜひ紹介してください。求人にお困りになることも先々あるかと思いますので」

と伝えました。

快く引き受けてくれた店長は、なんと、各テナントまわりを一緒にしてくれることになったのです。

「マスターいる?」「あっ、大将、紹介するわ」「今、求人困ってない?」

最上階から順番に、一緒に営業してくれました。

おかげで、そのときから時間のズレはあるものの、ほとんどのテナントさんと取引をさせてもらえるようになりました。

さらに応用編の事例をご紹介しましょう。

長い取引で親しい関係性になったお客様に関しては、ライバルメディアの原稿(つまり、未取引でアタック中だが、なかなか決裁者に会えずに行き詰まっているようなところ）をそのまま見せたこともありました。

そして、こう伝えたのです。

「この中で、お知り合いのところはありませんか？　ぜひ、紹介してくださいよ」

知り合いはいなくて当たり前、もし偶然にいたならばラッキー。そのくらいの意識で、まずは聞いてみるのです。

私の場合、その場で紹介の電話を入れてもらって、商談のアポがとれたこともありました。

この方法は、特に地域である程度、顔役となっている方に相談すれば、一発です。紹介ネットワークを駆使して、取引したいお客様を攻略するのです。

他にもいろんな応用方法があるかと思いますが、大切なのは何度も言いますが、

「紹介してください！」と一言話す。それだけです。
人事異動などで自分の担当地域を離れ、新しい担当地域で頑張る人も多いかと思います。今までお世話になったお客様、お取引いただけなかったけれど、いろいろとよく対応してくださったお客様。
そんなお客様には必ず今までの感謝の言葉と共に、

tips

「〇〇（新しい担当地域）でお知り合いがいらっしゃれば、ぜひ紹介してください！」

の一言を添えて、新しい地域で新たな出会いのチャンスをつかんでくださいね。

処方箋

お客様の満足度が高いときが紹介依頼の最大のチャンス！「紹介してください！」と勇気を出して言ってみよう。

8 お客様とお客様をつなげる（初級編）

前章で、お客様のお店でランチを食べたり、忙しそうなお客様には栄養ドリンク剤を持って行く話をしました。これらは、共にお客様に喜ばれる行為です。

さらに、信頼を獲得しているからこそできる、お客様に喜ばれる方法をご紹介しましょう。

たとえば、担当地域内に評判の和菓子屋さんがあり、ライバルメディアを利用しているので、ぜひ商談のきっかけをつかみたい。

しかし、何度訪問してもまったく相手にしてもらえません。

そんなときは、前章で述べたように、一度商品を買ってみるのです。実際に食べてみると大体、おいしい。
その購入した商品を、そのまま継続訪問している別のお客様に持って行くのです。

tips

「こんにちは！　『フロム・エー』の太田です。実は先ほど、お客様のところで和菓子をいただいたのですが、あまりにおいしかったので、○○さんにも食べていただこうと思って持ってきました。よかったら食べてください」

お客様「おっ！　○○さんとこのだね。ありがとう！」

まずは、これで帰ります。
後日、和菓子屋さんのほうにも訪問して、

tips

「こんにちは！　『フロム・エー』の太田です。先日はお忙しいところありがとうございました。購入させていただいた和菓子、実は新たにお取引いただきたいお客様のところへお持ちしたんですけど、たいそう喜ばれました。おかげさまで、今後の取引にもつながりそうです。本当にありがとうございました」

お客様「いやいや！　こちらこそありがとう」

結果的に2つのお客様から同時に「ありがとう」の言葉をいただくことができたわけです。

飲食店と違って、なかなかきっかけのつかみにくい食品販売のお客様に効果的な方法だと思います。このやり方ですべてが解決するとは思いませんが、間違いなく、今までよりも関係性がよくなるはずです。

事実、私も、時期こそずれますが、2社ともお取引をいただきました。

問題点があるとすれば、その商品代を自費で払うのか？　ということですね。

私自身は自費で払っていましたが、そもそも高い営業手当をいただいていたので、それは営業のコストと割り切っていました。

しかし、昔と違って、今はなかなかそうはいかないと思います。まずは会社の上長に「販促費」として活用できるかどうか相談してみてください。

今、私が経営している会社では、毎月一定額を、営業がお客様のために使える予算として設定しています。

これのおかげで、「お客様との距離が一気に縮まった」「普段、話してくれない内容を話していただけた」と成果が実感できています。

もし、上長の方がこの本を読まれていたら、ぜひ一度、お試しください。

処方箋

お客様の商品をお客様のもとにお届けしよう。
双方への感謝を伝えることが、
さらなる関係性の向上につながる。

9 お客様とお客様をつなげる（上級編）

前項では、「食べ物」をきっかけにお客様との関係性を向上しました。

実は、この考え方を応用すると、どんな業界のお客様にも適用できるのです。


こんなケースがありました。

とある居酒屋を経営していたお客様。訪問時に今後の展開を聞く中で、新しい業態として京町屋風のちょっと大人向けの居酒屋をつくりたい。でも、なかなか自分のイメージに合う内装業者がいない……。

「ちょっと、困ってるんだ」

そんな話を聞いた際、たまたま自分が飛び込んだ先に京町屋風の内装を手がける会

社があったことを思い出し、社長には「心当たりがあるので一度、あたってみます」と、伝えました。

その後、再度その内装会社に飛び込み、経緯を説明。実際に居酒屋の社長に連絡を入れてもらったところ、トントン拍子に話が進み、なんと実際にパートナーとしてビジネス展開していくことになったのです。

双方の社長から「ありがとう」の言葉をもらったのはもちろんのこと、実際のビジネス展開の中で居酒屋の社長からは新業態店舗のオープニング募集をもらい、内装会社の社長からは内装工事の現場スタッフやデザイナーの募集をいただきました。

お客様双方の喜びをつないだ結果、自分自身にとっても大きな仕事につながったのです。

「そんなのは、めったにないケースでは」と思うかもしれませんが、自分が気づいていないだけで、意外と周囲にはあるものです。

たとえば求人業界では、最も多い取引先である飲食店を、お客様に紹介することは簡単にできます。

実際、私が飲食店に飛び込むときには、お互いの緊張を緩和する目的も兼ねて、

「いい雰囲気ですねぇ。大体いくらくらいでお食事できるんでしょうか？」

「週末とか混んでますよねぇ。どのタイミングだったら、比較的入りやすいですか？」

「何人くらいまでだったら宴会できますか？」

といったお店の情報は必ず収集するようにしていました。

実は、それがオフィス系のお客様に飛び込んだ際に活きてくるのです。

「仕事の関係上、飲食店さんを多数、お取引先として持っているので、飲み会の場所でお困りの際はぜひ、ご相談ください！」

といったことを帰り際に伝えることで、無愛想だったお客様にも印象を残すことに成功していました。

自己紹介ツールに、**「歓送迎会にお困りの際は、ぜひご相談ください！」**というコメントを入れたこともあります（「お前は何屋やねん！」と突っ込まれながら）。

実際に、お客様先で、

「太田さん、歓迎会したいんだけど、どこもいっぱいなの。どこか知らない？」

と相談を受けた際には、その場で心当たりのあるお客様に電話をして、予約をとってあげたりもしました。

もちろん、その後、双方のお客様から感謝の言葉をいただきました。

中には、そのお店の常連客になってしまい、担当者同士で「太田」という共通の話題で盛り上がっているという話を聞いたことも。

地域を担当するということは、その地域のお客様とネットワークを持つことでもあります。

せっかくあなたが持っているネットワーク。そのまま眠らせずにお客様同士をつなげることで、今までになかった商売の広がりが感じられるようになると思います。

お客様とお客様をつなげて双方から喜んでもらえる。そんな最高の瞬間をぜひ一度、味わってみてはいかがでしょうか?

きっと、あなたの信頼度もアップするはずです。

処方箋

お客様の困り事を、他のお客様が持つサービスで解決すれば、二重の感謝をいただける。

10 お客様の信頼を獲得した先には

これまでさまざまな「営業が怖い」場面をご紹介してきましたが、これが最後の項となります。

ここでは、本書でご紹介した数多くの処方箋の根幹につながる考え方を、2つの思い出深いエピソードを通じてお伝えしたいと思います。

1つ目は、私の営業1年目の話です。

担当地域内に、とある喫茶店がありました。そこは長年ライバルメディアとのつきあいがあり、頑なにそのメディアしか利用しないお客様でした。

もちろん私も毎週のように訪問し、何とか日常会話はしてもらえる関係にまでは

なったものの、具体的な求人募集の話をするには至りませんでした。

そんな状態でいつものように継続訪問すると、「実は、閉店するんだ……」という店長の言葉。そのときは「そうですか……。ちなみに、いつまでやってらっしゃるのですか?」としか答えられませんでした。

よくある話とはいえ、非常に残念な気持ちになりました。

（結局、力不足でお手伝いすることはできなかったなぁ……）

だからこそ、お店の最後の日にはコーヒーを飲みに行こう。そう決めたのです。

「こんにちは！『フロム・エー』の太田です。今日、お店の最終日ですよね。まだコーヒーをいただいたことがなかったので、最後にコーヒー飲みに来ました。今、客として入っても大丈夫ですか？」

「あぁ、いいよ。ありがとう！」

ただ、それだけ。

あとは、普通にコーヒーを飲みながら、次の訪問先の準備などをしていました。

するると、マスターから「太田さん！　ちょっと」の声。

ふと、そちらを見ると、マスターともう一人見知らぬ人がいました。

「あの人が求人誌の営業やっているから、相談したらいいよ。太田さん、紹介するからこっちおいで」


実は、その店舗をそのまま受け継ぐ次のオーナーさんが、たまたま店舗の引き継ぎのために来られていたのです。

その際に募集の話になり、その場にいた私に声がかかったというわけです。


「太田さんに任せといたら大丈夫だから」

「太田さん、来月オープンなんだって。何とかしてあげてね」

最後の最後にいただいた、マスターからのうれしいお言葉でした。


もう1つのケースは、私が入社数年目の頃の話です。

京都で営業している時代に、とある人材派遣・請負会社がありました。担当している地域内において、他メディアを複数使用している文句なしの取引規模№1顧客だったと思います。

自社のメディアはまったく利用されることなく、歴代の営業マンが挑むものの、初回受注すらできない超難関顧客でした。

当然、私も挑戦しました。

役に立つであろう資料など、何らかの理由をつけて週に1度は訪問していました。担当者は女性のコーディネーターTさん。「いつもご苦労様」と微笑んでくれるものの、進展はしません。おそらく、この方は発注窓口で、真の決裁者は上司なんだろうなぁと思いながらも、その上司とは会わせてもらえることもなく、商談すらできないままの継続訪問が1年は続きました。

その頃には、訪問することも先方は承知の上で、担当者のTさんとも気兼ねなく会話ができる状態にまでなっていました。

そんなとき、「実は月末で退職することになったんです」との衝撃の言葉が！

理由は結婚退職とのことでしたので、「そうですか！　おめでとうございます」と、そのときはそう話しましたが、継続訪問をしていた日々を思い出し、そのたびにやさしく微笑んでもらった彼女のことを思うと、なんとも寂しい気分になりました。

通常なら会う時間すら必要なく、そのまま帰らされてもおかしくない中で（上司の判断は絶対でしょうから）、必ずきちんと対応してくれた担当者のTさん。本当にありがたいことでした。


そんな感謝の気持ちだけは伝えておこう。そう思って、私はその方の最終出社日にお花を持っていきました。

「こんにちは！『フロム・エー』の太田です。Tさん、本日最後ですよね。今までどうもありがとうございました。これ、私からの気持ちです。お幸せになってくださいね」

と、こんな感じだったでしょうか。

さすがにTさんも予想できなかったらしく、「太田さん、ありがとうございます。」

と、思わず涙目。こちらもつられて涙目。

そんな状況の中、後任のコーディネーターの方を紹介していただき、名刺交換をして会社を後にしました。


そして、1週間後。

なんと、待望の商談の電話が新担当者からかかってきたのです。


訪問していろいろ聞いてみると、先週の私の行為にコーディネーターの全員が感動し、全員で上司に直訴してくれたらしいのです。

「取引のある△△や××の営業は新しい担当者のことばかり質問します。辞めていくTさんのことを気遣ってくれたのは太田さんだけです。

私たちは仕事をするならそんな心を込めてくれる太田さんとしたい！　太田さんのところを利用しないなら、私たち全員辞めます！」

そんな勢いだったそうです。
その後、順調に取引をいただき、私の主要な取引先になったことは、言うまでもありません。

営業行為は会社と会社とを契約で結びます。でも、それを決断するのは結局、人と人との結びつきなのです。

変に難しく考えずに、出会う人それぞれに想いを持って、「この人のために何ができるのか?」「何をすれば喜んでもらえるのか?」と考え、行動する。それが思わぬところでめぐりめぐって返ってくる。

それが一番のポイントではないでしょうか。

処方箋

自分のことよりも相手の気持ちをまずは考えよう。
そうすれば、思わぬ成果につながっていく。

おわりに

「営業が怖い」

そんな方の心の負担を少しでも軽くしてあげたい。そして、その結果、その人が毎日、イキイキと働くことにつながれば、きっと関わりのあるお客様にとってもＨＡＰＰＹになり、明るい社会につながる。

新人営業を指導しているときも、一貫してこの考え方を持ち続けていました。

年々、人と接する機会そのものが減少している若者世代は、必然的に対面コミュニケーション力は低下しているといわれています。今、そんな若者世代と、指導する立場として接していると、ますます「営業が怖い」と感じる人は増え続けているのではないか、と感じています。

だからこそ、本書を通じて、１人でも多くの「営業が怖い」が「ちょっと頑張れるかも」、そして「営業って楽しいかも」につなげたい。そうすれば、営業という仕事の魅力を感じることなく離職してしまうという悲しい結末を防ぐことができるはずだと、信じています。

本書で紹介したことは、営業行為そのものに怖さを感じない人にとっては、あまり参考にならないかもしれません。それくらい、営業行為の入り口部分に関する処方箋を提供しています。

でも、本当に必要な人にとっては、きっと勇気が湧いてくる。そんな本を目指しました。

もちろん、営業の入り口を克服したら、次のステップがあるわけですが、入り口部分をおろそかにして無理すると、かえって悪影響です。「営業が怖い」と思っている方は、まずはここまでを実践してみることから始めてください。

最後になりますが、この本を出版するにあたり、同文舘出版株式会社の戸井田歩さん、株式会社プレスコンサルティングの樺木宏さんに機会をいただいたことを深く感謝いたします。そして営業として一人前の知識を授けてくださった、かつての上司・

先輩・同僚・後輩。私と関わってきてくださった数々のお客様。そんな機会を与えてくれた『フロム・エー』をはじめとするリクルートの求人メディアに深く感謝していたしております。そして何より、自分のやりたい仕事を続けることに賛同・応援してくれた家族皆に改めて感謝の気持ちを伝えたいと思います。本当にありがとうございました。

そして、人と接することが苦手な著者の営業ノウハウという、何とも説得力の薄い(笑)この書籍を何万冊の中から手に取っていただき、最後までお読みくださった皆様に厚く御礼申し上げます。本当にありがとうございました。

この本を読んでくださった方が、「営業の怖さ」を克服して、一歩でも前に進むことができ、それが仕事の成果につながれば、これ以上にうれしいことはありません。

その成果を報告していただける日を楽しみにしています。

2016年3月

太田和雄

著者略歴

太田和雄（おおた かずお）

株式会社ジョブマーケティング北海道　代表取締役
JCDA 認定 CDA（キャリア・デベロップメント・アドバイザー）
1992 年金沢大学工学部卒業。同年、株式会社リクルートフロムエー（現リクルートジョブズ）入社。入社当時に指導を受けた押しの営業手法が苦手で売れない営業マンだったが、「新規開拓営業の理由＝お客様のためになること」をつくり出すノウハウで実績があがるようになり、1999 年組織長に昇格するまで 4 連続四半期新規取引社獲得数トップ、MVP 等の表彰歴多数。一方で、人員が急増する販売代理店での新人営業育成や直販営業組織の新人教育の担当組織長を務めるなど、新人営業の育成には一貫して関わり続け、育てた新人は1000 人以上にのぼる。特に関西時代、リクルートの社内報にて「Mr.X」のペンネームで執筆していた営業コラムが評判を呼び、全国の営業拠点に飛び火。他社代理店にも流通され、今もなお信奉者多数。
2014 年、株式会社リクルートジョブズを退職し、5 月に株式会社ジョブマーケティング北海道を設立。北海道における雇用拡大、地域活性化に向けて活動中。

【問い合わせ先】
株式会社ジョブマーケティング北海道
〒 060-0042 札幌市中央区大通西 9 丁目 1-1 キタコー大通公園ビル 6F
電話 011-215-1903　FAX 011-215-1904
URL http：//www.jm-hokkaido.com

「明日、営業に行きたくない！」と思ったら読む本

平成 28 年 3 月 22 日　初版発行

著　者 ―― 太田和雄

発行者 ―― 中島治久

発行所 ―― 同文舘出版株式会社

東京都千代田区神田神保町 1-41　〒 101-0051
電話　営業 03（3294）1801　編集 03（3294）1802
振替 00100-8-42935
http://www.dobunkan.co.jp/

ISBN978-4-495-53411-0

印刷／製本：三美印刷

Printed in Japan 2016